Friedrich Prassl

Kenneth Blanchard
Patricia Zigarmi
Drea Zigarmi

Der Minuten-Manager: Führungsstile

Wirkungsvolleres Management durch situationsbezogene Menschenführung

Rowohlt

Die Originalausgabe erschien 1985 unter dem Titel
«Leadership and the One Minute Manager. Increasing
Effectiveness Through Situational Leadership»
im Verlag William Morrow and Company, Inc., New York
Aus dem Amerikanischen übersetzt von Lieselotte Mietzner.
Schutzumschlag- und Einbandgestaltung von Werner Rebhuhn

1. Auflage September 1986

Satz Trump-Mediäval (Linotron 202)
Gesamtherstellung Clausen & Bosse, Leck
Printed in Germany
ISBN 3 498 00503 0

Das Symbol

Das Symbol des Ein-Minuten-Managers – die Ein-Minuten-Anzeige einer modernen Digitaluhr – soll uns daran erinnern, daß wir uns jeden Tag eine Minute die Zeit nehmen, um unseren Mitarbeitern ins Gesicht zu schauen und uns bewußt zu machen, daß *sie* das Wertvollste sind, was wir haben.

Paul Hersey

gewidmet

in Anerkennung seiner Kreativität
und seines Ideenreichtums
bei unserer gemeinsamen Arbeit an der Entwicklung der
situationsbezogenen Management-Methode und seiner
zahlreichen weiteren, bedeutenden Arbeiten
auf dem Gebiet
der angewandten Verhaltenswissenschaften

:01 Inhalt

:01 Einleitung

In diesem neuen Buch aus dem Kreis um den Minuten-Manager geht es um eine Unternehmerin, die darunter leidet, daß ihre Mitarbeiter sich nicht genügend engagieren und entsprechend flaue Leistungen bringen. Sie klagt darüber, daß sie die meiste Arbeit selber machen muß. Hilfesuchend wendet sie sich an den Minuten-Manager und bekommt von ihm den Rat: «Lieber gewitzt als verschwitzt.» Die gestresste Unternehmerin begreift, daß sie aufhören muß, immer mehr und mehr und noch mehr selber erledigen zu wollen, und daß sie statt dessen eine grundsätzlich andere, erheblich intelligentere und effektivere Einstellung gewinnen kann. Im weiteren Verlauf der Geschichte lernt sie vom Minuten-Manager, wie man im Umgang mit seinen Mitarbeitern Rücksicht nimmt auf die Tatsache, daß die Menschen halt verschieden sind, und wie man die Regel: «Die einen so, die andern so» in die Praxis umsetzt und zu einem Situationsbezogenen Führungsstil kommt.

In den vergangenen fünfzehn Jahren hat die «Situationsbezogene Menschenführung» als leicht verständliche und leicht anwendbare Methode der Mitarbeiterführung und Mitarbeitermotivierung in der ganzen Welt Anklang gefunden. Paul Hersey und ich haben sie in unserem Handbuch «Management of Organizational Behavior: Utilizing Human Resources» umfassend dargestellt. Seit damals wurden in vielen der von «Fortune» ermittelten 500 größten Unternehmen der Welt und in der ständig intensiver betriebenen Fortbildung von Führungspersonal leitende Angestellte aller Ebenen in «Situationsbezogener Menschenführung» geschult.

Es war deshalb nur folgerichtig, den dritten Band in der Reihe der Minuten-Manager-Bücher der «Situationsbezogenen Menschenführung» zu widmen und ihn gemeinsam mit Pat und Drea Zigarmi zu schreiben. Die Zigarmis haben über ein Jahrzehnt lang die Grundgedanken des «Situationsbezogenen Führens» mit mir zusammen gelehrt, ausgefeilt und in praktische Verhaltensformen umgesetzt.

Leser, die die «Situationsbezogene Menschenführung» bereits kennen, werden bemerken, daß wir das Konzept in diesem Buch in einigen Punkten verändert haben. Diese Änderungen ergaben sich aus den Gesprächen mit unseren Kollegen bei Blanchard Training and Development, Inc., aus unseren inzwischen gemachten Erfahrungen und aus Anregungen, die zahlreiche Manager mit uns ausgetauscht haben. So hat in diesem Buch nach unserer Ansicht die Konzeption der «Situationsbezogenen Menschenführung» eine neue, höhere Entwicklungsstufe erreicht.

Pat, Drea und ich hoffen, daß Sie dieses Buch wieder und wieder lesen, bis es Ihnen im Berufsleben wie auch zu Hause als Mutter oder Vater in Fleisch und Blut übergeht, verschiedene Führungsstile zu wählen, wenn Sie das Tun Ihrer Mitarbeiter oder Ihrer Kinder lenken und unterstützen.

Dr. Kenneth Blanchard

Der Minuten-Manager: Führungsstile

EINES TAGES bekam der Minuten-Manager einen Telefonanruf von einer Frau, die sich als Unternehmerin vorstellte. Er freute sich über ihren Anruf, weil er wußte, daß es zur Zeit einen Firmengründungsboom gab und daß ein großer Teil der neuen Unternehmen von Frauen geführt wurde.

Die Unternehmerin erzählte, sie habe große Schwierigkeiten, Mitarbeiter zu finden, die bereit seien, ebenso hart zu arbeiten wie sie.

«Irgendwie bleibt das meiste immer an mir hängen», sagte sie. «Ich bin das reinste Mädchen für alles.»

«Da gibt es nur eins», sagte der Minuten-Manager. «Sie müssen lernen, Arbeit zu delegieren.»

«So weit sind meine Mitarbeiter aber noch nicht», erwiderte die junge Frau.

«Dann müssen Sie sie eben entsprechend schulen.»

«Aber dazu fehlt mir die Zeit.»

Der Minuten-Manager lachte. «Wenn das so ist, haben Sie in der Tat ein Problem. Kommen Sie doch heute nachmittag mal zu mir, dann können wir in Ruhe darüber sprechen.»

ALS DIE UNTERNEHMERIN am selben Nachmittag im Büro des Minuten-Managers eintraf, sprach er gerade im Vorzimmer mit seiner Sekretärin.

«Ich bin froh, daß Sie mir so schnell einen Termin gegeben haben», sagte sie, als sie mit ihm in sein Arbeitszimmer trat.

«Das Vergnügen ist ganz meinerseits», sagte der Minuten-Manager und lächelte. «Ich habe gehört, daß Sie eine Reihe ziemlich kühner Projekte erfolgreich abgeschlossen haben. Deshalb möchte ich gern wissen: Was halten Sie für die Bedingung von Erfolg?»

«Ganz simpel», antwortete die Unternehmerin mit einem Lächeln. «Sie brauchen weiter nichts zu tun, als den halben Tag zu arbeiten. Sie müssen nur überlegen, ob die ersten zwölf oder die zweiten zwölf Stunden.»

Der Minuten-Manager lachte amüsiert. Dann sagte er: «Ich halte es auch keineswegs für unwesentlich, wieviel Zeit und Mühe man in die Arbeit steckt, aber leider glauben zu viele, es gäbe eine direkte Beziehung zwischen Zeitaufwand und Erfolg – etwa nach dem Motto: Je länger ich dranbleibe, desto sicherer habe ich Erfolg.»

«Das habe ich von Ihnen erwartet», sagte die Unternehmerin. «Tatsächlich hat man mir erzählt, einer Ihrer Lieblingssätze laute:

Lieber gewitzt
als verschwitzt!

«Stimmt genau!» bestätigte der Minuten-Manager. «Aber bevor wir uns darüber unterhalten, was ich unter ‹gewitzt› verstehe, möchte ich Sie noch einmal etwas fragen.»

«Nur zu», sagte die Unternehmerin.

«Sie nennen sich doch ‹Unternehmer›. Was bedeutet das für Sie?»

Die junge Frau lächelte. «Ein Freund von mir hat einmal plastisch beschrieben, was es heißt, Unternehmer zu sein. Die Geschichte geht so:

Zusammen mit seinem Geschäftsführer fuhr mein Freund auf eine Anhöhe, von der aus man eine wunderbare Aussicht über die Stadt hat.

‹Sehen Sie die Anhöhe dort?› fragte mein Freund. ‹Wäre das nicht ein großartiger Platz, um sich da ein Haus zu bauen?›

‹Auf jeden Fall›, sagte sein Begleiter.

‹Und jetzt stellen Sie sich rechts einen Swimmingpool vor. Nicht übel, was?›

‹Wäre toll›, sagte sein Vize.

‹Und links daneben ein privater Tenniscourt?›

‹Phantastisches Plätzchen!›

Darauf mein Freund: ‹Eins kann ich Ihnen sagen. Wenn Sie sich weiterhin so ins Zeug legen wie bisher und alle unsere Planungsziele erreichen, dann ... dann gehört all das eines Tages mir!»

«Herrlich!» Der Minuten-Manager lachte übers ganze Gesicht. «Aber ich glaube, daß diese Geschichte andererseits auch einiges über Ihre Probleme beim Führen und Motivieren von Mitarbeitern aussagt.»

«Wie meinen Sie das?» fragte die Unternehmerin ein wenig beklommen.

«VIELLEICHT ERKLÄRE ICH ES am besten so», begann der Minuten-Manager. «Ich könnte mir vorstellen, daß Sie Ihren Betrieb als eine Pyramide betrachten, bei der Sie als Generaldirektorin die Spitze und die Arbeiter die Grundfläche bilden. Dazwischen verlaufen verschiedene Management-Ebenen.»

«Ja, so ist mein Betrieb aufgebaut. Stimmt daran irgend etwas nicht?»

«Keineswegs, solange es nur um eine Organisationsform geht. Kritisch wird es erst, wenn Sie auch als Managerin an der Vorstellung von einer Pyramide festhalten.»

«Ich fürchte, ich kann Ihnen nicht ganz folgen», sagte die Unternehmerin.

«Wenn Sie sich Ihren Betrieb als eine Pyramide vorstellen, gehen Sie davon aus, daß jeder Mitarbeiter für jemand arbeitet, der ihm in der Hierarchie übergeordnet ist. Es ist dann nur folgerichtig, zu denken, daß die Manager für Planung, Organisation und Bewertung aller betrieblichen Vorgänge ‹verantwortlich› seien, während ihre Untergebenen lediglich ‹ihren Weisungen zu folgen brauchten›. Das bringt Leute wie Sie auf die Idee, die Führungskräfte erledigten alle Arbeit.»

«Und wie wäre es richtig?» fragte die Unternehmerin.

«Ich ziehe es vor, die Pyramide auf den Kopf zu stellen, so daß die Manager unten hin kommen. Wenn Sie sich Ihren Betrieb so herum vorstellen, ergibt sich eine kleine, aber sehr bedeutsame Verschiebung darin, wer Verantwortung trägt und wer wem verantwortlich ist.»

«Mit anderen Worten: Sie meinen, daß die Führungskräfte für ihre Mitarbeiter arbeiten sollten anstatt umgekehrt.»

«Genau», bestätigte der Minuten-Manager. «Wenn Sie davon ausgehen, daß Ihre Leute Verantwortung tragen und daß Sie dazu da sind, um ihnen zu folgen, dann werden Sie alles tun, um ihnen die Arbeitsbedingungen und Hilfsmittel zu verschaffen, die sie brauchen, um die vereinbarten Ziele zu erreichen. Sie werden erkennen, daß Ihre Führungsaufgabe nicht darin besteht, selbst alle Arbeit zu tun oder erst aktiv zu werden, wenn Sie jemanden bei einem Fehler erwischen. Statt dessen werden Sie die Ärmel hochkrempeln und Ihren Leuten dabei helfen, ihre Sache zum Erfolg zu bringen. Wenn Ihre Mitarbeiter Erfolg haben, ist das auch Ihr Erfolg.»

«Aber ich habe, wie gesagt, keine Zeit, auf die Bedürfnisse aller meiner Mitarbeiter einzugehen», sagte die Unternehmerin.

«Es ist nicht nötig, mit allen Mitarbeitern eng zusammenzuarbeiten», erklärte der Minuten-Manager, «sondern nur mit denen, die Hilfe brauchen.»

«Heißt das etwa, daß Sie Ihre Leute unterschiedlich behandeln?» fragte die Unternehmerin erstaunt.

«Genau das», erwiderte der Minuten-Manager. «Wir drücken das hier bei uns mit einem Slogan aus, der lautet:

Die einen so,
die andern so!

«WIE MACHEN SIE DAS?» wunderte sich die Unternehmerin. «In welcher Weise behandeln Sie Ihre Mitarbeiter unterschiedlich?»

«Fragen Sie sie doch am besten selbst», schlug der Minuten-Manager vor. «Meine Mitarbeiter können Ihnen Auskunft geben über meine unterschiedlichen Führungsstile.»

«Führungsstile?» wiederholte die Unternehmerin.

«Führungsstil ist die Art und Weise, wie Sie einen Mitarbeiter beaufsichtigen oder unmittelbar mit ihm zusammenarbeiten», erläuterte der Minuten-Manager. «Führungsstil ist die Art, wie Sie sich immer verhalten, wenn Sie versuchen, die Leistungen anderer zu beeinflussen.»

«Ist mein Führungsstil mein Verhalten, so wie ich selbst es sehe oder so wie die anderen es sehen?» wollte die Unternehmerin wissen.

«Vielleicht wird es deutlicher durch ein Beispiel», begann der Minuten-Manager. «Nehmen wir an, Sie halten sich selber für eine einfühlsame, mitarbeiterorientierte Chefin, während Ihre Mitarbeiter in Ihnen einen knallharten, aufgabenorientierten Boss sehen. Was glauben Sie, an welches Bild der Wirklichkeit Ihre Mitarbeiter sich halten werden?»

«An ihr eigenes natürlich», antwortete die Unternehmerin.

«Richtig», bestätigte der Minuten-Manager. «Ihre eigene Wahrnehmung Ihres Verhaltens ist zwar keineswegs nebensächlich, sagt Ihnen aber lediglich, wie Sie zu handeln *beabsichtigen*. Wenn sie nicht mit dem Bild Ihrer Mitarbeiter übereinstimmt, hilft sie Ihnen nicht weiter. Aus diesem Grund hätte ich es gern, daß Sie nun mit einigen meiner Mitarbeiter sprechen. Bei ihnen hören Sie aus erster Quelle, wie ich führe, und können selbst beurteilen, ob ich meine Mitarbeiter tatsächlich unterschiedlich behandele.»

«Das werde ich machen», antwortete die Unternehmerin. «Aber ich nehme stark an, daß Sie mir nicht beim Aussuchen helfen, mit wem ich sprechen soll.»

«Nein», schmunzelte der Minuten-Manager. «Wie Sie wissen, entscheide ich selten für meine Mitarbeiter.» Und damit beugte er sich vor und sagte ein paar Worte in die Gegensprechanlage. Seine Sekretärin, Mrs. Johnson, kam nach wenigen Augenblicken herein und reichte der jungen Frau eine Liste mit sechs Namen.

«Das sind meine unmittelbaren Mitarbeiter», sagte der Minuten-Manager. «Suchen Sie sich jemand aus. Sprechen Sie, mit wem Sie wollen.»

«Vielleicht fange ich bei Larry McKenzie an», meinte die Unternehmerin, nachdem sie die Liste überflogen hatte. «Er kann mich danach zu den anderen bringen, mit denen ich auch noch sprechen will.»

«Das wird er sicherlich gern tun», sprach der Minuten-Manager und nickte freundlich.

«Mrs. Johnson kann mir sagen, wie ich zu seinem Büro komme», sagte die Unternehmerin. «Also dann bis später.»

Der Minuten-Manager lächelte: «Ich freue mich darauf.»

BESCHWINGT machte sich die junge Frau auf den Weg zu McKenzies Büro. Sie war froh, daß sie sich entschlossen hatte, den Minuten-Manager aufzusuchen. «Es sieht so aus, als könnte ich hier allerhand nützliche Dinge lernen», sagte sie sich.

Als sie in McKenzies Zimmer trat, fand sie dort einen entspannt wirkenden Mann Anfang Dreißig. Er war der Leiter der Abteilung «Schulung und Personalentwicklung» dieser Firma.

Nachdem sie sich begrüßt hatten, kam McKenzie gleich zur Sache. «Wie ich höre, haben Sie unseren obersten Chef gesprochen. Was kann ich für Sie tun?»

«Mich interessiert die Frage, wie der Minuten-Manager mit Ihnen zusammenarbeitet», begann die Unternehmerin. «Würden Sie sagen, daß er Sie an seinen Entscheidungen beteiligt? Ich habe viel über die Beteiligung als Management-Prinzip gelesen.»

«Von Beteiligen kann in meinem Fall überhaupt nicht die Rede sein», antwortete McKenzie. «Tatsächlich lenkt er sehr stark. Schulung und Personalentwicklung ist sein ein und alles. Deshalb besteht mein Job im wesentlichen darin, seine Ideen in die Praxis umzusetzen.»

«Teilt er Ihnen Aufgaben zu und läßt Sie dann allein arbeiten?» wollte die Unternehmerin wissen.

«Nein. Er teilt mir Aufgaben zu und arbeitet dann sehr eng mit mir zusammen. Im Augenblick fungiere ich in diesem Bereich als eine Art verlängerter Arm des Minuten-Managers.»

«Stört Sie das nicht?» fragte die Unternehmerin. «Für meine Begriffe klingt das ziemlich autokratisch.»

«Überhaupt nicht», antwortete McKenzie. «Ich bin in der Personalabteilung gewesen – genauer gesagt, in der Lohn- und Gehaltsabrechnung –, ehe ich vor drei Monaten diese Stelle bekam. Ich habe mir das Angebot, in die Abteilung Schulung und Personalentwicklung überzuwechseln, nicht entgehen lassen, weil mir die Zusammenarbeit mit dem Minuten-Manager die Chance gab, dieses Gebiet von der Pike auf zu erlernen. Er gilt als echter Profi in Sachen Mitarbeiterführung und -schulung. Wenn wir uns zusammensetzen, hilft er mir bei der Planung der Maßnahmen, die ich durchführen soll. Er sagt mir sehr klar, wie ich vorgehen soll. Weil wir uns so häufig treffen, weiß ich immer, wo ich stehe und was er von meiner Leistung hält.»

«Glauben Sie, daß er Sie irgendwann selbständig entscheiden lassen wird?» fragte die Unternehmerin.

«Ja», meinte McKenzie, «sowie ich mich genauer in der Materie auskenne. Sie wissen ja, es ist schwer, richtig zu entscheiden, wenn man noch nicht viel über einen Bereich weiß. Im Augenblick bin ich ganz froh, daß sich der Minuten-Manager so weit in meine Arbeit einschaltet. Ich finde sie spannend und werde mit zunehmender Erfahrung bestimmt mehr Verantwortung übernehmen.»

«Behandelt der Minuten-Manager alle, die ihm direkt unterstellt sind, so wie Sie?» fragte die Unternehmerin.

«Nein», entgegnete McKenzie. «Ich möchte gern mit Ihnen nach nebenan gehen und Ihnen Cindy Murrow, unsere Finanzdirektorin, vorstellen. Sie behandelt der Minuten-Manager ganz anders als mich.»

Damit stand McKenzie auf und ging zur Tür. Die Unternehmerin folgte ihm auf dem Fuß.

In Mrs. Murrows Büro traf die Unternehmerin auf eine nachdenklich aussehende Frau von Mitte Vierzig. Nachdem sie Mr. McKenzie für seine Mühe gedankt hatte, setzten sie und Mrs. Murrow sich zusammen.

«Mr. McKenzie hat mir gesagt, daß der Minuten-Manager mit Ihnen anders zusammenarbeitet als mit ihm», begann die Unternehmerin. «Stimmt das?»

«Auf jeden Fall», antwortete Mrs. Murrow. «Der Minuten-Manager und ich arbeiten im Finanzbereich kollegial zusammen. Er schreibt mir nicht vor, was ich zu tun habe, sondern wir bestimmen gemeinsam die Richtung, die wir einschlagen wollen.»

«Klingt ganz nach partizipativem Management», stellte die Unternehmerin fest.

«Unbedingt», stimmte Mrs. Murrow zu. «Ich kriege eine Menge Unterstützung, Ermutigung und Lob vom Minuten-Manager. Er nimmt sich die Zeit, mir zuzuhören, und ermuntert mich, meine Gedanken frei zu äußern. Er gibt mir sehr viele Informationen über alle Abteilungen der Firma, so daß ich besser entscheiden kann, was im Finanzbereich zu tun ist. Wir haben eine perfekte Arbeitsbeziehung. Ich arbeite nun schon fünfzehn Jahre im Bereich Finanzen, und es tut mir gut, als kompetentes und nützliches Mitglied eines Teams behandelt zu werden. Ich habe auch schon in Firmen gearbeitet, wo ich überhaupt nicht ahnte, was das für ein Gefühl ist.»

«Ich fange an zu begreifen», sagte die Unternehmerin, «daß der Minuten-Manager entweder autokratisch oder demokratisch auftritt. Gegenüber Mr. McKenzie verhält er sich stark dirigierend und autoritär, bei Ihnen ist er dagegen mehr unterstützend und auf Partizipation bedacht.»

«Ziehen Sie daraus aber ja nicht den Schluß, daß das seine einzigen Führungsstile wären», warnte Mrs. Murrow die Unternehmerin, «bevor Sie nicht mit John DaLapa, unserem Produktionsleiter, gesprochen haben.»

«Sie meinen, der Minuten-Manager behandelt Mr. DaLapa noch wieder anders als Sie oder Mr. McKenzie?» fragte die Unternehmerin.

«Ohne Frage», bekräftigte Mrs. Murrow. «Johns Zimmer liegt auf der anderen Seite der Empfangshalle. Soll ich Sie nicht eben hinbringen, damit Sie sich selbst mit ihm unterhalten können?»

«Das wäre nett», sagte die Unternehmerin.

Als Mrs. Murrow und die Unternehmerin in DaLapas Büro kamen, sprach er gerade mit dem Minuten-Manager.

«Ich mache mich jetzt lieber aus dem Staub», rief der Ein-Minuten-Manager lachend. «Sonst denken Sie noch, ich würde Ihre Informanten beeinflussen!»

«Mich kann er nicht einschüchtern», lächelte DaLapa, als er der Unternehmerin die Hand schüttelte. Er nickte Mrs. Murrow und dem Minuten-Manager zu. «Von mir erfährt sie, wie es in Wirklichkeit ist.»

Die Unternehmerin merkte voller Bewunderung, wie locker und entgegenkommend die Atmosphäre in dieser Firma war. Alle Firmenangehörigen schienen sich zu mögen und voller Achtung miteinander umzugehen.

Als Mrs. Murrow und der Minuten-Manager hinausgingen, bat DaLapa die Unternehmerin, Platz zu nehmen. «Also, was kann ich für Sie tun?» fragte er.

«Mrs. Murrow hat mir gesagt, der Minuten-Manager behandle Sie anders als Mr. McKenzie oder sie selbst. Ist das richtig?»

«Na, ich bin mir da nicht so sicher», antwortete DaLapa. «Es ist nicht leicht, seinen Führungsstil zu beschreiben.»

«Wie meinen Sie das?» bohrte die Unternehmerin nach.

«Also wissen Sie, meine Arbeit ist ziemlich kompliziert», begann DaLapa. «Ich bin letzten Endes für die ganze Produktion verantwortlich. Das bedeutet, daß ich alle Arbeitsvorgänge überwache und kontrolliere. Außerdem bin ich für die Inspektion, die Qualitätskontrolle und die Einstellung neuer Arbeiter zuständig. Mir fällt auf, daß der Minuten-Manager mich in manchen Bereichen meiner Arbeit auf die eine Art führt und in anderen Bereichen ganz anders. Er läßt mir zum Beispiel im technischen Bereich völlig freie Hand, aber es hat eine ganze Weile gedauert, bis es soweit war. Der Minuten-Manager hat diese Firma aus dem Nichts aufgebaut. Er kennt sich technisch genauso gut aus wie ich, deshalb vertraut er meinem Urteil in allen Fragen der Produktion vollkommen. Heute sagt er nur noch: ‹Halten Sie mich auf dem laufenden. Aber Sie wissen, dies hier ist Ihr Feld – Sie bleiben am Ball. Sie sind hier der Technikfachmann.› »

«Heißt das, daß er Ihre Aufgaben nicht mit Ihnen durchspricht, daß er Ihnen nicht vorschreibt, was Sie zu tun haben, oder daß er Ihnen nicht sagt, wie Sie ein bestimmtes Problem lösen sollen?» In ihrem Eifer schoß die Unternehmerin mehrere Fragen auf einmal ab.

«Nein», antwortete DaLapa. «Nicht, was die technische Seite meiner Arbeit angeht. Aber im Personalbereich, mit dem ich ja auch zu tun habe, zeigt er einen völlig anderen Führungsstil. Da pocht er darauf, daß ich mich mit ihm abspreche, bevor ich eine neue Personalplanung anfange oder irgendwelche neuen Maßnahmen durchführe. Da will er ganz genau wissen, was ich vorhabe.»

«Macht er Ihnen im Personalbereich irgendwelche Vorschriften?» hakte die Unternehmerin nach.

«Er sagt mir immer seine Meinung», sagte DaLapa augenzwinkernd, «falls es das ist, was Sie wissen wollen. Aber normalerweise fragt er mich ausdrücklich, was ich davon halte.»

«Aber wenn Sie beide einmal unterschiedlicher Meinung sind und sich nicht einigen können, wer entscheidet dann?» wollte die Unternehmerin wissen.

«Der Minuten-Manager.»

«Macht es Sie unsicher, wenn er Sie das eine Mal so behandelt und das nächste Mal anders?» fragte die Unternehmerin weiter.

«Ganz und gar nicht», meinte DaLapa. «Ich finde es hervorragend, daß er mir im Produktionsbereich soviel Freiheit läßt. Ich habe ja als Techniker hier angefangen und mich Zug um Zug hochgearbeitet bis zu meiner heutigen Position. Die zwanzig Jahre, die ich jetzt hier bin, war ich technisch immer auf dem neuesten Stand.»

«Fänden Sie es nicht gut, wenn der Minuten-Manager Sie auch im Personalwesen ebenso frei schalten und walten ließe?» fragte die Unternehmerin.

«Im Grunde wäre mir das gar nicht so lieb», gab DaLapa zu. «Anderen Leuten gegenüber benehme ich mich manchmal wie ein Elefant im Porzellanladen. Manche behaupten sogar, daß ich erst die Tür einschlage und dann frage, ob ich hereinkommen darf. Deshalb traue ich meinen zwischenmenschlichen Fähigkeiten selber nicht so ganz. Die Vorschläge, die mir der Minuten-Manager macht, kommen mir also ganz zupaß.»

«Das hört sich ja so an, als wäre der Minuten-Manager ein Heute-so-morgen-so-Manager, der es sich herausnimmt, unter den verschiedensten Führungsstilen auszuwählen, als wäre er ein ‹eklektischer Manager›», sagte die Unternehmerin.

«Sagen Sie ihm das bloß nicht ins Gesicht!» erwiderte DaLapa.

«Warum nicht?»

«Weil ein solcher ‹Eklektiker› seiner Ansicht nach jemand ist, der mit beiden Beinen fest auf einer rosa Wolke steht», sagte DaLapa lachend.

«Aber als welche Art von Führungskraft würden Sie ihn denn sonst bezeichnen?» fragte die Unternehmerin.

«Als situationsbezogen», sagte DaLapa. «Er stimmt seinen Führungsstil auf die Person ab, mit der er zusammenarbeitet, und auf die Situation.»

«SITUATIONSBEZOGEN ...» Dieser Ausdruck ging der Unternehmerin immer noch durch den Kopf, als sie zurück zum Büro des Minuten-Managers eilte. Mrs. Johnson führte sie zu ihm hinein.

«Na, wie habe ich abgeschnitten?» fragte der Minuten-Manager.

«Ausgezeichnet! Ihr Grundsatz: ‹Die einen so, die andern so› hat hier in Ihrem Unternehmen überall lebendige Wurzeln geschlagen. Und was das erstaunlichste ist, Ihre Leute scheinen gar nichts dagegen zu haben, daß Sie sie unterschiedlich behandeln. Was muß ich tun, um selber eine situationsbezogene Führungskraft zu werden?»

«Dazu müssen Sie drei Dinge lernen», fing der Minuten-Manager an.

«Ich habe doch geahnt, daß Sie das Ganze auf eine einfache Formel bringen würden», sagte die Unternehmerin scherzend.

Der Minuten-Manager lachte fröhlich. «So simpel ist das vielleicht doch nicht, aber auf jeden Fall geht es dabei um drei bestimmte Fertigkeiten. Sie müssen erstens lernen, verschiedene Führungsstile flexibel zu handhaben. Zweitens müssen Sie lernen, die Bedürfnisse der Ihnen unterstellten Mitarbeiter zu diagnostizieren. Und drittens müssen Sie lernen, sich mit ihnen zu einigen, genauer gesagt, mit jedem Mitarbeiter zu einer verbindlichen Vereinbarung darüber zu kommen, welcher Führungsstil der für ihn angemessenste ist. Es geht also, mit anderen Worten, um *Flexibilität, Diagnose* und *Absprache*.»

«Hochinteressant!» rief die Unternehmerin. «Und womit soll ich anfangen?»

«Wir fangen normalerweise mit der Flexibilität an», sagte der Minuten-Manager. «Deshalb habe ich Sie erst einmal mit meinen Mitarbeitern sprechen lassen – damit Sie sich selbst ein Bild machen von den verschiedenen Führungsstilen, die ich gebrauche.»

«Ich war der Meinung, ich hätte Ihre unterschiedlichen Stile kapiert, bis ich dann mit DaLapa gesprochen habe», sagte die Unternehmerin.

«Wie meinen Sie das?» fragte der Minuten-Manager.

«Ich hatte gedacht, Sie verhielten sich entweder autokratisch oder demokratisch», sagte die Unternehmerin. «Aber bei DaLapa paßte dieses Schema auf einmal nicht mehr.»

«Das überrascht unsere Besucher immer wieder», erklärte der Minuten-Manager. «Lange Zeit herrschte die Auffassung, es gebe nur zwei Führungsstile: den autokratischen und den demokratischen. Es hatten sich in dieser Frage sogar zwei feindliche Lager gebildet, von denen jedes behauptete, ‹sein› Stil sei wesentlich besser als der andere. Demokratische Manager waren als weich und nachgiebig verschrien, während man den autokratischen Führungskräften nachsagte, sie seien arrogant und stur. Ich bin allerdings immer der Meinung gewesen, daß ein Manager, der sich in seinem Verhalten auf eines dieser beiden Extreme beschränkt, nur ein halber Manager ist.»

«Und wie wird man ein ganzer Manager?» erkundigte sich die Unternehmerin.

«Ein ganzer Manager ist flexibel und verfügt über vier verschiedene Führungsstile», antwortete der Minuten-Manager und reichte der Unternehmerin ein Blatt Papier.

DIE VIER FUNDAMENTALEN FÜHRUNGSSTILE SIND:

STIL 1: **LENKEN**

DER LEITER GIBT PRÄZISE ANWEISUNGEN UND BEAUFSICHTIGT GEWISSENHAFT DIE DURCHFÜHRUNG DER AUFGABE.

STIL 2: **ANLEITEN**

DER LEITER LENKT UND ÜBERWACHT AUCH WEITERHIN GEWISSENHAFT DIE DURCHFÜHRUNG DER AUFGABE, BESPRICHT ABER SEINE ENTSCHEIDUNGEN MIT DEN MITARBEITERN, BITTET SIE UM VORSCHLÄGE UND UNTERSTÜTZT IHRE FORTSCHRITTE.

STIL 3: **UNTERSTÜTZEN**

DER LEITER FÖRDERT UND UNTERSTÜTZT DIE MITARBEITER BEI DER DURCHFÜHRUNG DER AUFGABE UND TEILT DIE VERANTWORTUNG FÜR DIE ZU FÄLLENDEN ENTSCHEIDUNGEN MIT IHNEN.

STIL 4: **DELEGIEREN**

DER LEITER ÜBERTRÄGT DEN MITARBEITERN DIE VERANTWORTUNG FÜR DIE ZU FÄLLENDEN ENTSCHEIDUNGEN UND DIE ZU LÖSENDEN PROBLEME.

Während sich die Unternehmerin die Übersicht über die vier fundamentalen Führungsstile anschaute, begann der Minuten-Manager mit einigen Erklärungen dazu.

«Diese vier Stile ergeben sich aus der Kombination von zwei Verhaltensprinzipien, die aller Menschenführung zugrunde liegen, nämlich *Dirigierendes Verhalten* und *Sekundierendes Verhalten*. Dirigierendes Verhalten läßt sich beschreiben mit den drei Begriffen STRUKTURIEREN, KONTROLLIEREN und SUPERVIDIEREN umschreiben. Sekundierendes Verhalten wird umschrieben mit den Begriffen ANERKENNEN, ZUHÖREN und FÖRDERN.»

«Dirigierendes Verhalten hat offensichtlich etwas zu tun mit autokratischer Führung», bemerkte die Unternehmerin.

«Genau», sagte der Minuten-Manager. «Es handelt sich dabei um Einbahnstraßenverkehr. Sie teilen dem Betreffenden mit, was er wann, wo und wie zu tun hat, und dann überwachen Sie ihn ganz genau bei der Bearbeitung der jeweiligen Aufgabe.»

«Das klingt ganz nach der Art, wie Sie McKenzie führen», sagte die Unternehmerin. «Bei ihm verhalten Sie sich gemäß Stil 1.»

«Sie haben recht», sagte der Minuten-Manager. «Wir bezeichnen Stil 1 als *Dirigieren*, weil man dabei ein hochgradig direktives, aber nur wenig sekundierendes Verhalten zeigt. Sie sagen dem betreffenden Mitarbeiter nicht nur, was das Ziel ist und wie seine Arbeit aussehen muß, wenn sie gut erledigt wird, sondern Sie stellen auch einen Plan auf, der Schritt für Schritt vorgibt, wie die jeweilige Aufgabe bearbeitet werden muß. Sie lösen das Problem. Sie fällen die Entscheidungen, und der Untergebene führt aus, was Sie ihm aufgetragen haben.»

«Das ist aber nicht der Stil, den Sie bei Mrs. Murrow anwenden. Mit ihr gehen Sie eher sekundierend und demokratisch um.»

«Völlig richtig», bestätigte der Minuten-Manager. «Aus diesem Grund nennen wir Stil 3, der sich aus hochgradig unterstützendem und nur wenig dirigierendem Verhalten ergibt, den *sekundierenden* Stil. Hier geht es darum, daß Sie Ihren Mitarbeitern den Rücken stärken, ihre Vorschläge beachten und ihnen die Zusammenarbeit mit anderen erleichtern. Um ihr Selbstvertrauen und ihre Motivation aufzubauen, ermutigen und loben Sie sie. Stil-3-Manager sprechen kaum je darüber, wie sie dieses Problem lösen oder jene Aufgabe anpacken würden. Statt dessen helfen sie ihren Mitarbeitern, eigene Lösungen zu finden, indem sie ihnen Fragen stellen, die sie auf neue Wege bringen, und sie ermutigen, Risiken einzugehen.»

«Aber ist es denn nicht ein Mangel an Konsequenz, McKenzie auf die eine Art zu behandeln, Mrs. Murrow auf eine andere und DaLapa noch wieder ganz anders?» fragte die junge Frau.

«Auch ich halte viel von Konsequenz, aber ich glaube, ich verstehe etwas anderes darunter als Sie. Für Sie heißt Konsequenz offenbar, alle gleich zu behandeln. Ich dagegen definiere Konsequenz als: die regelmäßige Anwendung immer desselben Führungsstils in gleichartigen Situationen.»

«Aber ist es denn nicht ungerecht, die Leute unterschiedlich zu behandeln?» fragte die Unternehmerin.

Der Minuten-Manager deutete auf ein Poster an der Wand. Darauf war zu lesen:

Ungleiche Wesen
gleich zu behandeln
ist nicht Gerechtigkeit,
sondern Gleichmacherei.

«Könnten Sie mir, damit ich eine klarere Vorstellung bekomme, ein Beispiel für jeden der vier genannten Führungsstile geben?» bat die Unternehmerin.

«Gern», sagte der Minuten-Manager. «Nehmen wir mal an, hier im Vorzimmer gäbe es Unruhe, die uns stört. Wenn ich Sie nun auffordere: ‹Bitte gehen Sie und sagen Sie Mrs. Johnson, sie soll die Leute in die Halle schicken und dort weiterreden lassen, und kommen Sie danach wieder her zu mir und erstatten Sie mir Bericht›, welcher Führungsstil wäre das?»

«Das wäre *Dirigieren*», sagte die Unternehmerin. «Was würden Sie im Falle einer solchen Störung machen, wenn Sie einen *sekundierenden* Stil anwenden?»

«Ich würde etwa sagen: ‹Der Krach da draußen stört uns ziemlich – was meinen Sie, was wir dagegen tun könnten?›»

«Verstehe», sagte die Unternehmerin. «Und wie liefe es bei Stil 2?»

«Trainieren ist die Verbindung aus Dirigieren und Sekundieren», erklärte der Minuten-Manager. «Wenn ich die Störung mit Hilfe des trainierenden Stils beseitigen wollte, würde ich etwa sagen: ‹Der Lärm im Vorzimmer ist sehr störend. Ich finde, Sie sollten mal hingehen und Mrs. Johnson Bescheid sagen, daß sie diese Leute auffordert, ihr Gespräch in der Halle fortzusetzen. Haben Sie dazu irgendwelche Fragen oder Vorschläge?›»

«Beim *trainierenden* Stil», sagte die Unternehmerin, «beginnen Sie also, eine wechselseitige Kommunikation aufzubauen: Sie fragen den betreffenden Mitarbeiter nach seinen Vorstellungen. Und trifft der Vorgesetzte dann hinterher die endgültige Entscheidung?»

«Auf jeden Fall», sagte der Minuten-Manager. «Aber durch das Fragen kann er zusätzliche Ideen von außen in seine Entscheidung einbeziehen. Außerdem kann er seinen Mitarbeitern auf diese Weise eine Menge Auftrieb geben, denn ein Teil ihrer Vorschläge ist immer brauchbar, und als Führungskraft ist man ja immer darauf aus, die Initiative und Risikobereitschaft seiner Mitarbeiter zu stärken. Hier wird das Zuhören und Ermutigen wichtig. Man versucht seine Leute dahin zu bringen, daß sie lernen, ihre Arbeit selbst zu bewerten.»

«Stil 2 bedeutet also, daß Sie sich mit dem betreffenden Mitarbeiter absprechen. Und wie sieht es nun aus, wenn Sie Stil 4 anwenden, das *Delegieren*?» fragte die Unternehmerin. «Ich könnte mir vorstellen, daß Sie einfach sagen: ‹Der Lärm da draußen stört uns. Würden Sie sich bitte darum kümmern?›»

«Das wäre perfektes *Delegieren*», antwortete der Minuten-Manager. «Bei diesem Stil übertragen Sie die Verantwortung für die üblichen Entscheidungen und Problemlösungen der Person, die einen Aufgabenbereich bearbeitet. Sie sehen also, daß Sie bei ein und demselben Problem und bei ein und derselben Aufgabe – in diesem Fall: den Lärm abstellen – jeden der vier Führungsstile anwenden können.»

«Ist unter diesen vier Führungsstilen einer der optimale Führungsstil?» wollte die Unternehmerin wissen. «Ich höre immer wieder, wie wichtig es ist, einen partizipativen Managementstil zu pflegen.»

«SO DENKEN VIELE», sagte der Minuten-Manager. «Aber an diesem Punkt kommt der Begriff ‹situationsbezogen› ins Spiel. Der beteiligend-unterstützende oder partizipativ-sekundierende Stil kann in manchen Situationen das genau richtige Verfahren sein, in anderen aber gar nicht.»

«Ich kann mir gar nicht vorstellen, wann der autokratisch-dirigierende Stil angebracht wäre», meinte die Unternehmerin.

«Solche Situationen kommen verschiedentlich doch vor», sagte der Minuten-Manager. «Stellen Sie sich vor, Sie sind in einer Versammlung, und auf einmal bricht Feuer aus. Würden Sie die Anwesenden bitten, sich in kleine Gruppen aufzuteilen, um über den besten Fluchtweg zu diskutieren und das Ergebnis danach im Plenum vorzutragen, damit alle gemeinsam entscheiden können, was zu tun ist?»

«Natürlich nicht», antwortete lachend die Unternehmerin. «Ich würde rufen: ‹Da ist die Tür, alle hinter mir her!› »

«*Direktiven* sind also immer dann angebracht, wenn eine Entscheidung blitzschnell getroffen werden muß und viel auf dem Spiel steht», präzisierte der Minuten-Manager.

«Das Beispiel leuchtet mir ein», sagte die Unternehmerin. «In welchen anderen Situationen wäre ein *dirigierender* Stil angemessen?»

«Nehmen wir an, Sie stellen jemand ein, der zwar noch keinerlei Erfahrung vorweisen kann, der aber in Ihren Augen das Zeug hat, eine bestimmte Tätigkeit sehr gut zu erlernen», sagte der Minuten-Manager. «Hat es da Sinn, einen solchen Mitarbeiter zu fragen, was, wann, wo und wie es zu tun ist?»

«Nur wenn Sie scharf darauf sind, daß er seine ganze Ahnungslosigkeit eingestehen muß», antwortete die Unternehmerin. «Jetzt verstehe ich, worauf Sie hinauswollen. *Dirigieren* ist also auch angebracht bei noch unerfahrenen Mitarbeitern, von denen Sie aber glauben, sie hätten das Potential, eines Tages weitgehend selbständig zu arbeiten.»

«Ganz klar», stimmte ihr der Minuten-Manager zu. «*Dirigieren* kann aber auch bei einem Mitarbeiter angebracht sein, der zwar über bestimmte Fertigkeiten verfügt, aber das Unternehmen noch nicht so gut kennt – also die Unternehmensziele, die Geschäftspolitik und hausüblichen Abwicklungsmethoden.»

«Nehmen es die Mitarbeiter nicht oft übel auf, wenn sie dirigiert und pingelig kontrolliert werden?» fragte die Unternehmerin.

«Am Anfang normalerweise nicht», sagte der Minuten-Manager. «Wer sich anschickt, eine neue Tätigkeit zu erlernen, ist meist voll von *Anfangsbegeisterung*. Die meisten sind dankbar für jede Hilfestellung, die man ihnen gibt. Sie wollen ja schließlich eine gute Leistung bringen.»

«Ist es wirklich so, daß jeder eine gute Leistung bringen will?» fragte die Unternehmerin. «Ich habe in vielen Unternehmen Leute beobachtet, die offensichtlich ihre Zeit nur absitzen und ganz andere Interessen verfolgen, als im Beruf gute Leistungen zu bringen. Sie arbeiten eigentlich nur wegen des Geldes. Ob das Unternehmen seine Ziele erreicht oder nicht, ist ihnen ziemlich egal.»

«Da haben Sie recht», stimmte der Minuten-Manager zu. «Es gibt tatsächlich Arbeitnehmer – und ich muß leider sagen: viel zu viele –, denen anscheinend alles schnurzegal ist und die nur die Zeit totschlagen, bis sie am Ersten ihr Geld kriegen. Aber wenn es möglich wäre, bis zu dem Tag zurückzugehen, an dem diese Leute ihre Stelle angetreten haben, dann – davon bin ich überzeugt – würden Sie keineswegs das gleiche Bild fehlenden Engagements vor sich sehen. Nach meiner Erfahrung verlieren die Leute ihre Einsatzbereitschaft erst, wenn ihnen klar wird, daß es ihnen nichts bringt, ob sie gute Leistungen bringen oder nicht.»

«Wie meinen Sie das?» fragte die Unternehmerin.

«Ich meine», fing der Minuten-Manager an, «daß gute Leistungen sehr oft unbeachtet bleiben. Wenn die Leute etwas gut machen, sagen ihre Vorgesetzten kein Wort. Machen sie aber einen Fehler, brauchen sie nicht lange auf einen Anpfiff zu warten.»

«Aha, jetzt kommen Sie wohl auf eines Ihrer Lieblingsthemen: den alten Stil nach dem Motto: ‹Machen Sie mal! Aber wehe, Sie machen etwas falsch!›» lächelte die Unternehmerin.

«Inzwischen nenne ich ihn ‹Möwen-Stil›», sagte der Minuten-Manager. «Der Chef kommt angerauscht, macht ein großes Geschrei, mistet alle an und flattert wieder weg.»

Die Unternehmerin und der Minuten-Manager lachten aus vollem Halse, weil beide wußten, wie genau das die Sache traf.

«Ich meine also, die Art und Weise, wie unerfahrene Leute geführt werden, ist die Ursache dafür, daß sie sich nicht mehr engagieren», sagte der Minuten-Manager. «Wenn jemand sich innerlich nicht mehr engagiert, genügt es nicht, ihm Direktiven zu geben. Er braucht dann auch Hilfestellung und Ermutigung.»

«Jetzt reden Sie vom *Trainings*-Stil, nicht wahr?» bemerkte die Unternehmerin.

«Ja», sagte der Minuten-Manager. «Das *Trainieren* funktioniert am besten, wenn die Desillusionierung einsetzt.»

«Desillusionierung?» wiederholte die junge Frau.

«Haben Sie nicht bemerkt», sagte der Minuten-Manager, «daß viele Menschen mit einer Aufgabe beginnen und dann die Sache viel schwieriger finden als erwartet und sofort das Interesse daran verlieren. Oder vielleicht läßt ihr Engagement nach, weil sie fürchten, daß sich ihre Mühe am Ende nicht auszahlen wird. Oder sie bekommen nicht das Maß an Lenkung, das sie brauchen – aber statt dessen immer wieder eins auf die Nase. Vielleicht machen sie auch nur geringe oder gar keine Fortschritte, so daß sie selber nicht mehr glauben, die Tätigkeit befriedigend erlernen zu können. Wenn dieser Desillusionierungsprozeß eintritt und die anfängliche Begeisterung verfliegt, besteht der geeignetste Führungsstil im *Trainieren*, in dem ein hohes Maß an Dirigieren und Sekundieren zusammenkommt.»

Die Unternehmerin fragte: «Sie werden also weiterhin dirigieren, weil die Betreffenden sich noch immer bestimmte Qualifikationen aneignen müssen?»

«Ja», gab der Minuten-Manager zur Antwort. «Aber als Leiter werden Sie Ihren Mitarbeitern in dieser Situation auch zuhören, ihnen Orientierungshilfen geben und ihre Fortschritte loben. Und Sie werden sie soweit wie möglich in die Entscheidungsfindung einbeziehen, denn dadurch bauen Sie ihr Engagement wieder auf.»

«Sie reden, als ob jedem irgendwann die Luft ausginge, wenn er eine neue Tätigkeit erlernt oder ein neues Projekt übernimmt», sagte die Unternehmerin.

«Das tut sie auch, bei den einen früher, bei den anderen später», sagte der Minuten-Manager. «Das hängt davon ab, wieviel Anerkennung der Vorgesetzte äußert und wie ansprechbar er für seine Mitarbeiter ist. Aber damit greife ich mir selber vor.»

«Das ist interessant», sagte die Unternehmerin. «Der *dirigierende* Führungsstil eignet sich also vor allem für *begeisterte Anfänger*, während *Trainieren* der richtige Stil für *desillusionierte Fortgeschrittene* ist.»

«Stimmt», sagte der Minuten-Manager. «Was glauben Sie: Welcher Mitarbeitertyp hat am meisten dagegen, *dirigiert* oder *trainiert* zu werden?»

«Der erfahrene Mitarbeiter», antwortete die Unternehmerin. «Er wünscht wahrscheinlich eher einen partizipativen Managementstil.»

«Sie sagen es», bestätigte der Minuten-Manager. «Erfahrene Leute mögen es, wenn man ihnen zuhört und Hilfestellung gibt. Sie haben ja mit Cindy Murrow gesprochen. Sie reagiert gut auf den *sekundierenden* Führungsstil, weil sie zwar erfahren und kompetent ist, aber manchmal trotzdem eine *zögernde Mitstreiterin* ist. Wenn ich sie auffordere, ein Projekt zu übernehmen, hat sie eine Menge Ideen, die sie aber erst mit mir zusammen ausprobieren will. Sie möchte bei der Entscheidungsfindung mitwirken, aber manchmal hat sie weniger Zutrauen zu ihren eigenen Einfällen als ich. Sie braucht die Anerkennung, die der *sekundierende* Führungsstil gewährt. Trotzdem ist auch der *sekundierende* Stil nicht in jedem Fall gut.»

«Zum Beispiel?» fragte die Unternehmerin.

«Ein klassisches Beispiel dafür lieferte ein enger Freund von uns», berichtete der Minuten-Manager. «Er hatte Eheschwierigkeiten – seine Frau und er machten sich gegenseitig runter, und zwar dauernd. Schließlich überredeten wir sie dazu, zur Eheberatung zu gehen, und dann atmeten wir auf, weil wir dachten, damit hätten wir alles Menschenmögliche getan.»

«Und war es nicht so?» fragte die Unternehmerin.

«Nein», fuhr der Minuten-Manager fort. «Wir hatten sie nicht gefragt, zu was für einem Berater sie gehen wollten. Na, und sie hatten sich einen sekundierenden, nicht direktiven Therapeuten ausgesucht.»

«Und was ist passiert?» wollte die Unternehmerin wissen.

«Die beiden bezahlten dem Eheberater vierzig Dollar die Stunde, in der sie sich aus Leibeskräften anbrüllten», erzählte der Minuten-Manager. «Er tat während ihrer Auseinandersetzung nichts, als sich den Bart zu streichen und zu murmeln: ‹Hm, ich spüre da eine Menge Wut.› Nach drei Sitzungen bei ihm war die Ehe im Eimer, das Paar trennte sich.»

«Sie wollen damit andeuten», sagte die Unternehmerin, «daß die beiden Ehepartner einen guten dirigierenden Berater gebraucht hätten, der ihnen genau sagt, was sie tun müssen, um ihre Ehe wieder auf die Beine zu stellen. Aber ich wette, daß der Berater, den sie konsultierten, bei anderen Paaren sehr wohl Erfolg hatte.»

«Genau», sagte der Minuten-Manager. «Dieser Therapeut arbeitete sehr effektiv mit Paaren, die Probleme hatten, die sie aus eigener Kraft lösen konnten, und die bloß jemand brauchten, der ihnen zuhörte und Rückendeckung gab, während sie sich durch ihren eigenen Sumpf hindurcharbeiteten. Aber mir scheint, ich habe Sie jetzt überzeugt, daß es *den* optimalen Führungsstil nicht gibt.»

«Das sehen Sie wohl ganz richtig», antwortete die Unternehmerin lächelnd. «Aber wie steht es mit dem *Delegieren*? Wie paßt das ins Bild?»

«*Delegieren* ist angebracht bei Menschen, die *Spitzenkönner* sind – Menschen, die kompetent und engagiert sind. Sie brauchen kaum Lenkung und sind fähig, sich selbst weiterzuhelfen», sagte der Minuten-Manager.

«Sie meinen, die versorgen sich mit Eigenlob?» fragte die Unternehmerin.

«In vielen Fällen ja», antwortete der Minuten-Manager. «Wenn Sie bei ihnen sind, singen Ihnen diese Leute oft richtige Lobeshymnen vor – sie zählen alles auf, was sie und ihre Mitarbeiter so hervorragend geleistet haben. Topleute brauchen nicht viel Kontrolle oder Anerkennung, solange sie sich bewußt sind, wie gut sie sind. Neulich hörte ich eine pfiffige kleine Geschichte, die die Wichtigkeit des Delegierens hervorhebt.»

«Was für eine Geschichte?» fragte die Unternehmerin.

«Ich fürchtete schon, Sie würden diese Frage nicht stellen», erwiderte der Minuten-Manager lachend. «Eines Tages fragte ein kleines Mädchen seine Mutter: ‹Mammi, warum bringt Vati jeden Abend soviel Arbeit mit nach Hause?›

‹Weil er keine Zeit hat, sie im Geschäft fertig zu machen›, antwortete seine Mutter.

Da meinte das kleine Mädchen: ‹Aber warum versetzen sie ihn dann nicht in eine langsamere Gruppe?›»

«EINE SEHR GUTE GESCHICHTE!» meinte die Unternehmerin lachend. «Wenn das kleine Mädchen etwas von situationsbezogenem Führen gewußt hätte, hätte sie auch fragen können: Warum delegiert Vati nicht mehr?

Ich glaube, Sie haben mich überzeugt, daß es nicht die eine alleinseligmachende Art gibt, andere zu beeinflussen», fuhr die Unternehmerin fort. «Aber ich brauche noch mehr Informationen, um entscheiden zu können, welcher Führungsstil in welcher Situation anzuwenden ist. Sie haben mich auf ein paar gute Ideen gebracht. Aber Ihre Beispiele setzen voraus, daß ich sicher beurteilen kann, ob meine Mitarbeiter alle erforderlichen Fertigkeiten und Erfahrungen mitbringen, um eine bestimmte Aufgabe auszuführen. Und außerdem müßte ich bereits ein Gespür dafür haben, ob sie ihre Aufgabe ausführen wollen beziehungsweise glauben, daß sie sie bewältigen können.»

«Diese Fähigkeit, eine Situation zu diagnostizieren, bevor Sie handeln, ist der Schlüssel zum situationsbezogenen Führen», stimmte der Minuten-Manager zu. «Dennoch widerstrebt es den meisten Managern, eine Minute innezuhalten, um erst einmal zu überlegen, was zu tun ist, bevor sie handeln. Sie wursteln einfach weiter.» Der Minuten-Manager zeigte auf ein Schild an der Wand und sagte: «Deshalb habe ich mir zur ständigen Erinnerung diesen Spruch aufgehängt.» Er lautete:

Langsamer vorgehen
heißt oft
schneller vorankommen

«Ich muß also erst nachdenken, bevor ich aktiv werde», sagte die Unternehmerin.

«Das ist das A und O des Diagnostizierens», bestätigte der Minuten-Manager. «Unterhalten Sie sich doch einmal mit Alice Marshall, ebenfalls eine meiner engsten Mitarbeiterinnen, über die Steigerung Ihrer diagnostischen Fähigkeiten.»

«O ja», sagte die Unternehmerin begeistert. «Aber vorher möchte ich gern mit Ihnen zusammen meine Notizen durchsehen, damit ich sicher sein kann, daß ich das Kapitel Flexibilität wirklich verstanden habe.»

«Das ist eine gute Idee», meinte der Minuten-Manager, und die Unternehmerin zeigte ihm, was sie sich aufgeschrieben hatte.

FÜHRUNGSSTIL ist die Art, wie ich mich verhalte, wenn ich versuche, die Leistung anderer zu beeinflussen. Jeder Führungsstil besteht aus einer Kombination von dirigierenden und sekundierenden Verhaltensweisen.

Dirigierendes Verhalten

bedeutet, daß ich den anderen klar sage, was zu tun ist, wie es zu tun ist, wo es zu tun ist und wann es zu tun ist. Anschließend überwache ich gewissenhaft ihre Arbeit.

Sekundierendes Verhalten

bedeutet, daß ich den anderen zuhöre, sie in ihren Bemühungen unterstütze und ermutige und dann ihre Beteiligung an Problemlösungs- und Entscheidungsprozessen fördere.

Es gibt vier Führungsstile: *Dirigieren, Trainieren, Sekundieren* und *Delegieren,* ABER ... DEN EINEN OPTIMALEN STIL GIBT ES NICHT!

DER MINUTEN-MANAGER lächelte, als er die Notizen der Unternehmerin las. «Sie sind jetzt soweit, daß Sie mit Alice zusammenkommen sollten, aber bevor ich sie rufe, möchte ich Ihnen noch diese Tabelle der vier fundamentalen Führungsstile geben.»

Während die Unternehmerin die Tabelle studierte, rief der Minuten-Manager Mrs. Marshall.

(viel) ↑ SEKUNDIERENDES VERHALTEN ↓ (wenig)

Viel sekundierendes und wenig dirigierendes Verhalten **S3** SEKUNDIEREN	Viel dirigierendes und viel sekundierendes Verhalten **S2** TRAINIEREN
Wenig sekundierendes und wenig dirigierendes Verhalten **S4** DELEGIEREN	Viel dirigierendes und wenig sekundierendes Verhalten **S1** DIRIGIEREN

(wenig) ← DIRIGIERENDES VERHALTEN → (viel)

ALICE MARSHALL wartete schon vor ihrem Büro, um die Unternehmerin zu begrüßen. «Sie möchten also etwas für Ihre diagnostischen Fähigkeiten tun», sagte sie mit einem Lächeln.

«Ja, unbedingt», antwortete die Unternehmerin. «Ich habe das Gefühl, daß Flexibilität etwas sehr Wichtiges ist, aber solange man nicht genau weiß, welcher Führungsstil welchen Menschen angemessen ist, kann man sich leicht verhauen.»

«Das stimmt», sagte Mrs. Marshall. «Ich habe einmal für einen Manager gearbeitet, der außerordentlich flexibel war – er beherrschte alle vier Führungsstile –, aber er praktizierte den falschen Stil bei den falschen Leuten zur falschen Zeit.»

«Tatsächlich?» fragte die Unternehmerin.

«Ja», bekräftigte Mrs. Marshall. «Er sagte seinen besten Leuten immer, was sie tun sollten, weil ihm klar war, daß seine Karriere von ihnen abhing, aber sie nahmen ihm das übel, weil sie selbst wußten, was sie zu tun hatten. Vor seinen weniger souveränen Mitarbeitern hatte er keinen Respekt und ließ sie deshalb links liegen. Sie hatten keine Ahnung, was sie tun sollten, und kamen deshalb mächtig ins Schleudern.»

«Ihr Beispiel bringt mich auf die Idee», sagte die Unternehmerin, «daß einer der Faktoren, die man einer Diagnose unterziehen muß, bevor man sich für einen der Führungsstile entscheidet, die bisherigen Leistungen des betreffenden Mitarbeiters sind.»

«Ganz genau», antwortete Mrs. Marshall, «und bei dieser Leistungsprüfung müssen Sie auf zwei Punkte achten, die über Leistung und Können eines Mitarbeiters entscheiden – das sind *Kompetenz* und *Engagement*. Wenn jemand ohne Aufsicht durch Sie nichts Rechtes zustande bringt, hapert es bei ihm entweder an der Kompetenz oder am Engagement oder an beidem.»

«Woran erkenne ich, ob jemand die nötige Kompetenz für eine bestimmte Arbeit hat?» wollte die Unternehmerin wissen.

«*Kompetenz* ergibt sich aus den *Kenntnissen* und *Fertigkeiten*, die jemand durch *Ausbildung*, *Übung* und *Erfahrung* erworben hat», erklärte Mrs. Marshall.

«Ist Kompetenz nicht bloß ein anderer Ausdruck für Fähigkeit?» fragte die Unternehmerin.

«Das glaube ich nicht», erwiderte Mrs. Marshall. «Man redet oft von Fähigkeiten, wenn man die in einem Menschen angelegten Möglichkeiten meint, sein Potential. Man sagt dann ‹natürliche› Begabung, um auszudrücken, warum es manchen Menschen so leicht fällt, bestimmte Fertigkeiten zu erlernen. Kompetenz dagegen kann durch entsprechendes Dirigieren und Sekundieren entwickelt werden. Sie ist nicht angeboren, sondern wird erlernt.»

«Okay. Und woran erkenne ich nun, ob jemand innerlich engagiert ist?» fragte die Unternehmerin.

«*Engagement* ist eine Kombination aus *Selbstvertrauen* und *Motivation*. Selbstvertrauen ist der Maßstab dafür, wie selbstsicher jemand ist – wie weit er oder sie das Gefühl hat, eine Aufgabe ohne Aufsicht gut ausführen zu können. Die Motivation eines Mitarbeiters setzt sich zusammen aus dem Interesse, das er an der Aufgabe hat, und der Begeisterung, mit der er an die Aufgabe herangeht.»

«Kommt es denn vor, daß jemand zwar die Kompetenz und das Selbstvertrauen hat, um eine Aufgabe zu übernehmen, aber kein Interesse dafür aufbringt?» fragte die Unternehmerin.

«Ja, doch», antwortete Mrs. Marshall. «Manchmal verlieren Menschen ihre Motivation, wenn ihnen aufgeht, daß eine Arbeit mühsamer ist, als sie erwartet haben. Oder sie glauben, daß ihre Anstrengungen nicht genügend gewürdigt werden. Oder sie finden eine Sache schlicht langweilig, einfach nicht der Mühe wert.»

«Ich könnte mir vorstellen, daß das Mischungsverhältnis von Kompetenz und Engagement bei den einzelnen Mitarbeitern ganz unterschiedlich ist», überlegte die Unternehmerin.

«Ein wichtiger Punkt», sagte Mrs. Marshall. «Tatsächlich besteht das, was wir ‹Entwicklungsstand› nennen, aus vier verschiedenen Kombinationen von Kompetenz und Engagement.» Sie fing an, auf einem Blatt Papier eine Tabelle zu skizzieren.

Die vier Entwicklungsstufen sind

Hohe Kompetenz • Hohes Engagement	Hohe Kompetenz • Schwankendes Engagement	Einige Kompetenz • Wenig Engagement	Wenig Kompetenz • Hohes Engagement
E4	**E3**	**E2**	**E1**

ENTWICKELT ◀———————— ENTWICKLUNGSFÄHIG

Als sich die Unternehmerin die Skizze genauer ansah, merkte sie, daß Mrs. Marshall die gleitende Skala für den Entwicklungsstand der verschiedenen Mitarbeiter in vier Abschnitte geteilt und mit E1, E2, E3 und E4 bezeichnet hatte.

«Nach allem, was ich hier im Hause gehört habe, gehe ich davon aus, daß Mitarbeiter, die auf verschiedenen Entwicklungsstufen stehen, unterschiedlich zu behandeln sind», erklärte die Unternehmerin.

«Stimmt genau», bestätigte Mrs. Marshall. «Daher unser Motto, das Sie sicher im Büro des Minuten-Managers gesehen haben: Die einen so, die andern so!»

«Ich nehme an, daß die Mitarbeiter, die selbständig und ohne Überwachung arbeiten können, die Stufe E3 oder E4 erreicht haben», fuhr die Unternehmerin fort.

«Haargenau!» lobte Mrs. Marshall. «Wenn Mitarbeiter auf diesen Stufen angekommen sind, haben sie bewiesen, daß sie die Fertigkeiten und Kenntnisse besitzen, die nötig sind, um hohe Leistungen zu erbringen. E4- und E3-Leute unterscheiden sich bloß durch den Grad ihres Engagements. Ist es ein Selbstvertrauens-Problem, was jemand zu einem E3-Typ macht, dann braucht er oder sie Unterstützung, Ermutigung und Anerkennung. Geht es um ein Motivationsproblem, dann muß der Leiter zuhören und eine Lösung für das Problem des Mitarbeiters suchen. E4-Mitarbeiter sind selbstsicher *und* selbstmotiviert. Die Leute auf dieser Entwicklungsstufe brauchen weniger Anerkennung von außen. Sie erwischen sich selbst dabei, wie gut sie ihre Sache machen, und brauchen deshalb kaum Überwachung, wenn überhaupt.»

«Wahrscheinlich ist das einzige, was man ihnen sagen muß, worin die Ziele bestehen», sagte die Unternehmerin. «Solche Leute gefallen mir! Warum sollte man überhaupt jemand einstellen, der nicht auf diesem Stand ist?»

«Weil Könner dünn gesät sind», entgegnete Mrs. Marshall. «Die findet man nicht an jeder Ecke. Tatsächlich muß man sie sich in den meisten Fällen selbst heranziehen, und das verlangt gute diagnostische Fähigkeiten. Nicht ohne Grund heißt einer unserer Lieblings-Merksprüche hier im Hause:

Potentiell
sind alle Menschen
Spitzenkönner –
man muß nur herausfinden,
wo sie gerade stehen,
und ihnen
von dort aus
weiterhelfen

«Sie meinen also», sagte die Unternehmerin, «daß jeder von uns Potentiale in sich hat, die entwickelt werden können.»

«Genau», sagte Mrs. Marshall. «Es ist durchaus nicht negativ, auf einer niedrigeren Entwicklungsstufe zu stehen. Jeder von uns hat schon irgendwann einmal bei einer Aufgabe auf einem niedrigen Niveau gearbeitet. Wenn wir eine Tätigkeit noch nie ausgeführt haben, fehlen uns die Fertigkeiten, um sofort eine tolle Leistung aus dem Ärmel zu schütteln. Unsere Kompetenz und unser Engagement mußten erst entwickelt werden.»

«Aus Ihrer Tabelle schließe ich, daß sich die beiden anderen Entwicklungsstufen E1 und E2 ebenfalls durch die Stärke des Engagements unterscheiden», sagte die Unternehmerin.

«Richtig», bemerkte Mrs. Marshall. «E1- wie E2-Leuten fehlt es an Kompetenz, also an den Fertigkeiten und an der Erfahrung, die nötig sind, um ohne Überwachung eine hochkarätige Leistung zu erbringen, aber der E1-Typ ist motiviert, der E2-Typ nicht. Das hohe Engagement des E1-Mitarbeiters für seine Arbeit stammt aus der Anfangsbegeisterung, etwas Neues zu lernen. Ein solcher Mitarbeiter kann manchmal auch höchst zuversichtlich ans Werk gehen, obwohl es sich dabei möglicherweise um ein falsches Selbstvertrauen handelt. Während die Fertigkeiten der Mitarbeiter wachsen, sinken ihr Selbstvertrauen und ihre Motivation häufig ab. Sie beginnen einzusehen, wieviel mehr sie noch lernen müssen, bevor sie fähig sein werden, ein wirklich gelungenes Stück Arbeit fertigzubringen. Das ist wie in dem alten Sprichwort: JE MEHR ICH WEISS, DESTO KLARER ERKENNE ICH, DASS ICH NICHTS WEISS. Das Selbstvertrauen des E2-Mitarbeiters steigt jedoch wieder an, wenn er ein spezielles Training und damit positives Feedback über die von ihm geleistete Arbeit bekommt.»

«ICH KÖNNTE mir vorstellen, daß bei fehlender Aufsicht ein E1-Mensch mehr Unheil anrichtet als ein E2-Typ», überlegte die Unternehmerin.

«Wie kommen Sie darauf?» fragte Mrs. Marshall.

«Wenn ich an jemanden delegiere, der zwar mit Feuereifer und großem Selbstvertrauen zu Werke geht, aber nicht über die nötigen Fähigkeiten und Erfahrungen verfügt, dann wird er oder sie mit Vehemenz danebenhauen», sagte die Unternehmerin. «So jemand stürmt aufs Glatteis hinaus, wo jedes Füchslein am Ufer bleibt.»

«Das ist ein gutes Argument», sagte Mrs. Marshall. «Wenn Sie eine Aufgabe an eine Person auf E2-Niveau delegieren, dann wird sie ohne weitere Anweisungen wahrscheinlich nicht handeln, weil es ihr an Selbstvertrauen oder an der Motivation fehlt, ein Wagnis einzugehen. Dagegen ist eine selbstsichere Person, die nicht die nötige Kompetenz hat, möglicherweise nicht so vorsichtig.»

«Allmählich bekomme ich ein Gefühl dafür, welcher Führungsstil für die verschiedenen Entwicklungsstufen mit ihren unterschiedlichen Kombinationen von Kompetenz und Engagement angemessen sein könnte», sagte die Unternehmerin.

Mrs. Marshall wies auf eine Übersichtstafel auf ihrem Schreibtisch und sagte: «Um Ihr Verständnis noch weiter zu fördern, sehen Sie sich einmal dieses Schema hier an. Es stellt die Beziehung zwischen den vier Entwicklungsstufen und den vier Führungsstilen dar, die der Minuten-Manager Ihnen erklärt hat, als er über das Thema Flexibilität sprach.»

ENTWICKLUNGSSTUFE	ANGEMESSENER FÜHRUNGSSTIL
E1 Niedrige Kompetenz ● Hohes Engagement	**S1** DIRIGIEREN Strukturieren, kontrollieren und supervidieren
E2 Einige Kompetenz ● Wenig Engagement	**S2** TRAINIEREN Dirigieren und sekundieren
E3 Hohe Kompetenz ● Schwankendes Engagement	**S3** SEKUNDIEREN Anerkennen, zuhören und fördern
E4 Hohe Kompetenz ● Hohes Engagement	**S4** DELEGIEREN Die Verantwortung für die Routine-Entscheidungen übertragen

WELCHER FÜHRUNGSSTIL ZU WELCHER ENTWICKLUNGSSTUFE PASST

Die Unternehmerin studierte die Beziehung zwischen den vier Entwicklungsstufen und den vier Führungsstilen. Dann blickte sie auf.

«Dieses Schema ist eine gute Gedächtnisstütze, weil E und S hier zusammengebracht werden. Mal sehen, ob ich das ganze System hersagen kann:

Dirigieren (Stil 1) ist das Richtige für Menschen, denen Kompetenz fehlt, die aber begeistert und engagiert sind (E1). Sie brauchen Lenkung und Überwachung, um sich in eine Arbeit hineinzufinden.

Trainieren (Stil 2) ist das Richtige für Menschen, die zwar einige Kompetenz haben, aber zu wenig engagiert sind (E2). Sie brauchen Lenkung und Überwachung, weil sie noch immer relativ unerfahren sind. Außerdem brauchen sie Unterstützung und Lob, um Selbstvertrauen aufzubauen, und sie müssen an Entscheidungen beteiligt werden, um ihr Engagement wiederherzustellen.

Sekundieren (Stil 3) ist das Richtige für Menschen, die kompetent sind, denen es jedoch an Selbstvertrauen oder an Motivation fehlt (E3). Sie brauchen dank ihrer Fertigkeiten nicht viel Lenkung, wohl aber Unterstützung, um ihrem Selbstvertrauen und ihrer Motivation aufzuhelfen.

Delegieren (Stil 4) ist das Richtige für Menschen, die sowohl kompetent als auch engagiert sind (E4). Sie sind fähig und willens, ein Projekt selbständig und ohne viel Überwachung oder Unterstützung zu bearbeiten.»

Als Mrs. Marshall die Zusammenfassung der Unternehmerin gehört hatte, lächelte sie. «Sie lernen rasch. Sie haben das Wesentliche erfaßt, worum es bei der Diagnose geht. Ich freue mich, daß ich Ihnen von dem, was ich über Diagnose weiß, etwas weitergeben konnte.»

«Schönen Dank für das Lob», antwortete die Unternehmerin. «Wenn ich mich entschieden habe, welcher Führungsstil für eine bestimmte Person angebracht ist, bleibe ich dann ein für allemal bei diesem Stil für diesen speziellen Mitarbeiter?»

«Ich schlage vor, daß Sie diesen Punkt mit dem Minuten-Manager besprechen», erwiderte Mrs. Marshall. «Sie sprechen jetzt das Problem an, ob ich meinen Führungsstil ändere, wenn Kompetenz und Engagement des Mitarbeiters wachsen – das ist genau das, was wir leitenden Angestellten hier im Hause anstreben. Über diesen Punkt hinaus wird Ihnen unser Chef auch erklären, wie die drei Geheimnisse des Minuten-Managements – die 1-Minuten-Zielsetzung, das 1-Minuten-Lob und die 1-Minuten-Kritik – das gesamte Konzept des Situationsbezogenen Leitens mit Leben erfüllen. Bei diesem Thema ist der Minuten-Manager immer voll in seinem Element.»

«Ich bin sehr gespannt auf das, was er mir sagen wird», sagte die Unternehmerin. «Aber es ist jetzt schon fünf Uhr, da werde ich ihn wahrscheinlich erst morgen früh zu fassen kriegen. Vielen Dank für Ihre Hilfe!»

«Es war mir ein Vergnügen», lächelte Mrs. Marshall.

ALS DIE UNTERNEHMERIN am nächsten Morgen zum Minuten-Manager ins Büro kam, wartete er schon auf sie. Sie hatte kaum «Guten Morgen» gesagt, da kam sie sofort auf die aufregenden Dinge zu sprechen, die sie seit ihrem letzten Zusammentreffen gelernt hatte.

«Toll, wie begeistert Sie sind», sagte der Minuten-Manager. «Was für Fragen wollen Sie mir heute stellen?»

«Alice Marshall sagte mir, daß Sie besonders gern die konkreten Berührungspunkte zwischen dem 1-Minuten-Management und dem Situationsbezogenen Führen erläutern», antwortete die Unternehmerin.

«Was meinen denn Sie, wie beides zusammen geht?» fragte der Minuten-Manager.

«Vielen Dank für den *sekundierenden* Stil», erwiderte die junge Frau lachend. «Aber ich brauche wohl doch noch ein paar Direktiven von Ihnen. Was die Beziehung zwischen 1-Minuten-Management und Situationsbezogenem Führen betrifft, so habe ich den Eindruck, daß beide Konzepte an Dynamik gewinnen, wenn man sie zusammen anwendet.»

«Dem kann ich zustimmen», begann der Minuten-Manager. «Sehen wir uns als erstes an, an welchem Punkt die 1-Minuten-Zielsetzung ins Spiel kommt. Denn klare Ziele sind ja für die Mitarbeiter auf jeder Entwicklungsstufe wichtig. Vielleicht hat die Unterredung mit Alice Marshall bei Ihnen den Eindruck hinterlassen, daß Mitarbeiter immer auf einer Entwicklungsstufe stehen – sei es nun E1, E2, E3 oder E4 –, egal, um welchen Bereich ihrer Tätigkeit es sich handelt. In Wirklichkeit ist das aber nicht so. Tatsächlich sind manche Mitarbeiter in verschiedenen Tätigkeitsfeldern verschieden weit entwickelt. Sie führen die eine Aufgabe vielleicht selbständig und ohne Aufsicht aus, brauchen aber bei einer anderen doch noch eine Menge genaue Anweisung und Unterstützung. Deshalb müssen Sie den Entwicklungsstand eines Mitarbeiters stets in bezug auf ein spezifisches Ziel oder eine bestimmte Aufgabe abschätzen. Man kann die Kompetenz oder das Engagement eines Menschen nicht allgemein feststellen, sondern nur seinen aktuellen Entwicklungsstand beim Erreichen eines spezifischen Ziels.»

«Das heißt also, daß die einzelnen Mitarbeiter je nach den anstehenden Aufgaben oder Zielen unterschiedlich weit sind?» fragte die Unternehmerin und mußte an ihr Gespräch mit Da-Lapa zurückdenken.

«SO IST ES», stimmte ihr der Minuten-Manager zu. «Nehmen wir an, Sie haben gemeinsam mit einem Mitarbeiter beschlossen, drei bis fünf verschiedene Ziele anzusteuern. Dann müssen Sie als Vorgesetzte höchstwahrscheinlich auch mehrere Führungsstile anwenden, wenn Sie Ihren Mitarbeiter oder Ihre Mitarbeiterin bei der Arbeit an diesen Aufgaben beaufsichtigen. So kann zum Beispiel ein Ingenieur alle technischen Aufgaben kompetent und selbstsicher erledigen, während er, was die Verwaltung seines Etats angeht, noch nicht denselben Entwicklungsstand erreicht hat. Entsprechend werden Sie sich als Chefin dafür entscheiden, ihn bei technischen Problemen kaum zu dirigieren oder ihm zu sekundieren (S4 – Delegieren), aber sein Vorgehen in Finanzdingen stark zu lenken und sehr genau zu beaufsichtigen (S1 – Dirigieren oder S2 – Trainieren).»

«Das ist interessant», meinte die Unternehmerin. «Auf diese Art behandeln Sie DaLapa, nicht wahr?»

«Ganz recht», sagte der Minuten-Manager.

«Als situationsbezogener Leiter behandeln Sie also nicht nur unterschiedliche Leute auf unterschiedliche Art – die einen so, die andern so», vergewisserte sich die Unternehmerin. *«Sondern Sie behandeln ein und dieselbe Person nicht immer auf dieselbe Manier, sondern je nach Aufgabenbereich mal so und mal so.»*

«Da haben Sie den Nagel auf den Kopf getroffen», antwortete der Minuten-Manager. «Ich möchte Ihnen dazu ein Beispiel erzählen, das ich mit meinem Sohn Tom erlebt habe. Vor einigen Jahren, als er in die fünfte Klasse ging, erfuhren meine Frau und ich, daß er seinen Kameraden im Lesen mindestens zwei Jahre voraus war, während er ihnen im Rechnen etwa genauso weit hinterherhinkte. Als mir klar war, was los war, rief ich eine seiner Lehrerinnen an.»

«Eine seiner Lehrerinnen?» fragte die Unternehmerin verständnislos.

«Tom ging in eine sogenannte ‹offene Schule›», erklärte der Minuten-Manager. «In seiner Klasse waren einhundertundzehn Kinder, und je vier bis fünf Lehrerinnen arbeiteten mit ihnen in einem großen, offenen Raum. Als ich hinkam, erkundigte ich mich bei ihnen: ‹Wie behandeln Sie Tom im Leseunterricht und wie im Rechenunterricht?›

‹Was meinen Sie?› fragten sie.

‹Was machen Sie in der Lesestunde?› fragte ich zurück.

Da sagten die Lehrerinnen: ‹Sehen Sie die Mappen da drüben im Wandregal? Jedes Kind hat seine eigene Lesemappe. Wenn Lesestunde ist, holt sich jedes Kind seine Mappe, setzt sich damit an seinen Platz und liest da weiter, wo es das letzte Mal aufgehört hat. Wenn es Fragen hat, hebt es die Hand, und dann geht eine von uns hin und hilft ihm.›

Was glauben Sie, welchen Führungsstil die Lehrerinnen bei Tom im Lesen anwandten?» fragte der Minuten-Manager.

«*Delegieren*», antwortete die Unternehmerin. «Er bekam seine eigene Mappe und entschied selbst, wann er Hilfe brauchte.»

«Auf welcher Entwicklungsstufe stand er Ihrer Meinung nach im Lesen?» fragte der Minuten-Manager.

«E4, vermute ich», antwortete die Unternehmerin.

«Ganz klar», sagte der Minuten-Manager. «Er war eine richtige Leseratte und konnte sehr gut lesen. Entsprechend war hier *Delegieren* das Gegebene.»

Der Minuten-Manager führte sein Beispiel fort: «Als nächstes fragte ich die Lehrerinnen: ‹Was machen Sie im Rechnen?›

Sie antworteten: ‹Sehen Sie da die Mappen da drüben an der anderen Seite? Jedes Kind hat seine eigene Rechenmappe. Wenn Rechenstunde ist, holt sich jedes Kind seine Mappe an seinen Platz und arbeitet da weiter, wo es das letzte Mal aufgehört hat. Wenn es eine Frage hat, hebt es die Hand, dann geht eine Lehrerin hin und hilft ihm.›

‹Und wie funktioniert das bei Tom im Rechnen?‹ fragte ich.

‹Katastrophal. Wir machen uns richtig Sorgen um ihn.›

‹Das sollten Sie auch›, sagte ich. ‹Ich bin enttäuscht, wie Sie Tom das Rechnen beibringen wollen. Hat Ihnen denn in der Lehrerausbildung nie einer gesagt, daß Sie manchmal beim selben Kind in verschiedenen Fächern verschiedene Unterrichtsstile anwenden müssen?›»

An dieser Stelle fragte der Minuten-Manager die Unternehmerin: «Was meinen Sie, welchen Führungsstil die Lehrerinnen bei Tom im Rechnen angewandt haben?»

«*Delegieren*», antwortete die Unternehmerin.

«Auf welcher Entwicklungsstufe stand er Ihrer Meinung nach im Rechenunterricht?» fragte der Minuten-Manager weiter.

«Auf einer sehr viel niedrigeren wahrscheinlich», antwortete die Unternehmerin.

Der Minuten-Manager nickte. «Er war auf E2. Er mochte Rechnen nicht, weil er darin nicht gut war. Folglich klappte es mit dem *delegierenden* Unterricht ganz und gar nicht. Außerdem haben die Lehrerinnen den Jungen eigentlich eher im Stich gelassen; denn Delegieren kann man das nicht nennen.

Als nächstes fragte ich die Lehrerinnen: ‹Wer von Ihnen steht in dem Ruf, pädagogisch noch ganz alte Schule zu sein?› Mrs. McBride, eine ältere Frau, fing an zu lächeln. Sie hatte schon dreißig Jahre unterrichtet, als ihre bisherige Schule in – wie sie sich ausdrückte – ‹in diese verrückte offene Schule› umzog. Ich weiß noch, wie ich einmal mittags an ihrem Klassenzimmer vorbeiging, als sie noch an einer kleinen Grundschule unterrichtete, in der es keinen eigenen Eßraum gab. Die Tür stand offen, und drinnen saßen dreißig Fünftkläßler still an ihren Tischen und aßen, während Mrs. McBride ihnen eine Beethoven-Platte vorspielte.»

«Ich wette, diese Form von Disziplin hatten Sie noch nie erlebt», meinte die Unternehmerin.

«Das können Sie mir glauben», lächelte der Minuten-Manager. «Mrs. McBride ist ein klassisches Beispiel für einen dirigierenden Führungsstil. Auf der anderen Seite des Flurs hatte eine andere fünfte Klasse ihr Zimmer. Die Tür war geschlossen, hatte aber ein kleines Fensterchen. Ich schaute hinein und sah, daß es drinnen zuging wie in einem Zirkus. Die Kinder liefen wild durcheinander und stiegen auf Tische und Stühle. Mrs. Jones, die Lehrerin, die ein ganz, ganz lieber Mensch ist, umarmte die Kinder und tanzte mit ihnen durchs Zimmer. Es sah sehr lustig aus. Was für ein Kontrast zu Mrs. McBrides Klasse!

Was meinen Sie: Wäre Mrs. Jones im Lesen eine gute Lehrerin für Tom gewesen?» fragte der Minuten-Manager.

«Sicher», antwortete die Unternehmerin.

«Und warum?»

Die Unternehmerin lächelte. «Im Lesen brauchte er gar keine Lehrerin.»

«Genau», sagte der Minuten-Manager. «Wenn man eine Sache beherrscht, braucht man keinen Boss.»

«Aber wenn es unbedingt sein muß, wer hätte dann nicht gern so einen netten verspielten Boss wie Mrs. Jones?» stellte die Unternehmerin fest.

Der Minuten-Manager lachte und fuhr in seiner Geschichte fort: «Ich sagte zu Mrs. McBride: ‹Tom ist im Rechnen eine Niete. Könnten Sie ihm nicht ein bißchen Nachhilfe geben?›

‹Ja, gewiß›, antwortete sie.

‹Und wie würden Sie dabei vorgehen?› fragte ich.

Mrs. McBride seufzte.‹Es wäre sehr viel leichter gewesen, wenn ich ihn von Anfang an gehabt hätte. Tom ist inzwischen im Rechnen völlig entmutigt, weil es schwerer ist, als er es sich vorgestellt hat, und weil er nicht gut vorankommt. Ich würde deshalb in der Rechenstunde zu ihm hingehen und zu ihm sagen: ‚Tom, es ist jetzt Zeit, an die Rechenaufgaben zu gehen. Komm, wir holen deine Rechenmappe.' (Ich glaube übrigens nicht, daß er überhaupt eine Mappe hat. Er holt sich die Mappen seiner Freunde, die gerade fehlen, und bringt sie durcheinander.) Ich würde dann wieder mit ihm zurück an seinen Platz gehen und ihm sagen: ‚Tom, ich möchte, daß du jetzt die Aufgaben eins bis drei machst. Ich komme in fünf bis zehn Minuten zurück, um die Ergebnisse mit dir durchzusprechen. Wenn wir das gemeinsam durcharbeiten, bin ich sicher, daß du im Rechnen aufholen wirst!'›

Ich sagte: ‹Genau das braucht er! Würden Sie Tom bitte im Rechnen übernehmen?›

Und das tat sie dann auch», sagte der Minuten-Manager.

«Und hatte Mrs. McBrides *trainierender* Stil bei Tom Erfolg?» wollte die Unternehmerin wissen.

«Na, und ob!» erklärte der Minuten-Manager. «Aber glauben Sie, daß die strenge Beaufsichtigung und Kontrolle nach seinem Geschmack waren?»

Die Unternehmerin schüttelte den Kopf: «Bestimmt nicht.»

«Ich kann es den Idealisten von heute leider nicht ersparen: aber allein durch Liebe und Nettigkeit hat noch nie jemand etwas Neues gelernt.» stimmt nicht immer! (z.B. bei Interesse)

Die Unternehmerin zog daraus den Schluß: «Ihr Beispiel zeigt also folgendes: Wenn eine Person auf einem bestimmten Gebiet nicht kompetent ist, dann muß ein anderer ihre Arbeit dirigieren, kontrollieren und beaufsichtigen. Wenn außerdem ihr Engagement nur schwach ist, dann braucht sie auch Unterstützung und Ermutigung von außen.»

«Tom hatte das Glück, daß es nur noch drei Monate bis zum Schuljahrsende waren», sagte der Minuten-Manager. «Was glauben Sie, wo Mrs. McBrides Schwäche lag?»

«Sie konnte zwar vom *dirigierenden* zum *trainierenden* Stil überwechseln, brachte es aber nicht fertig, vom *Trainieren* zum *Sekundieren* und *Delegieren* überzugehen», meinte die Unternehmerin. «Sie leistete in der Anfangsphase gute Arbeit, aber sobald die Kinder in ihren mathematischen Fertigkeiten vorankamen, vermochte sie ihnen nicht mehr Verantwortung für ihr eigenes Lernen zu übertragen.»

«TOMS GESCHICHTE erklärt nicht nur, daß der Entwicklungsstand einer Person je nach Aufgabe oder Ziel verschieden ist», fuhr die Unternehmerin fort. «Das Beispiel zeigt darüber hinaus auch, daß der Führungsstil, der einem Mitarbeiter zu einem bestimmten Zeitpunkt entspricht, nach einiger Zeit möglicherweise nicht mehr angebracht ist.»

«Vollkommen richtig», sagte der Minuten-Manager. «Das gilt vor allem für das *Dirigieren* und *Trainieren*. Ihr Ziel als Chefin muß es sein, die Kompetenz und das Selbstvertrauen Ihrer Mitarbeiter schrittweise zu steigern, so daß Sie bald zu den weniger zeitaufwendigen Führungsstilen – *Sekundieren* und *Delegieren* – übergehen können und trotzdem gute Resultate erzielen.»

«Und wie gehe ich bei einer solchen Änderung meines Führungsverhaltens vor?» wollte die Unternehmerin wissen.

«Ich möchte Ihnen, bevor ich darauf antworte, noch ein Schaubild der Situationsbezogenen Menschenführung zeigen, das die Beziehung zwischen Entwicklungsstand und Führungsstil darstellt.»

SITUATIONSBEZOGENES FÜHREN

Die vier Führungsstile

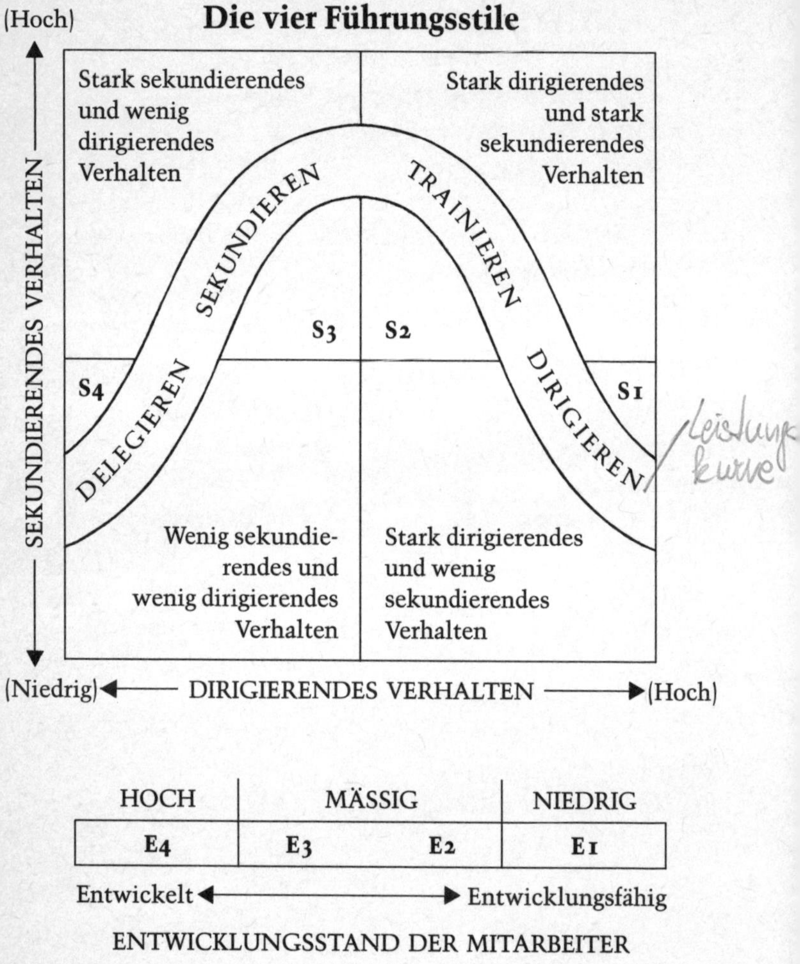

Die Unternehmerin betrachtete das Schema eingehend und sagte dann: «Man kann von E1 eine gerade Linie ziehen zu S1. Genauso geht es in gerader Linie hoch von E2 zu S2, von E3 zu S3 und von E4 zu S4. Wenn man festgestellt hat, auf welcher Entwicklungsstufe ein Mitarbeiter in bezug auf eine bestimmte Aufgabe steht, kann man mit Hilfe dieses Schemas problemlos den passenden Führungsstil finden.»

«Ohne Frage!» Der Minuten-Manager nickte und fügte hinzu: «Ich möchte Sie noch auf etwas anderes hinweisen. Beim Bestimmen des Führungsstils, der der jeweiligen Entwicklungsstufe entspricht, müssen Sie immer daran denken, daß *der Leiter tun muß, was seine Mitarbeiter allein zur Zeit noch nicht tun können.* Da ein E1-Mitarbeiter engagiert, aber noch nicht kompetent ist, muß der Leiter ihm für seine Arbeit Direktiven geben (S1 – Dirigieren). Da ein E2-Mitarbeiter weder ausreichend kompetent noch ausreichend engagiert ist, muß der Leiter ihn dirigieren und ihm sekundieren (S2 – Trainieren). Ein E3-Typ ist zwar kompetent, aber ungleichmäßig engagiert und braucht deshalb Hilfestellung (S3 – Sekundieren). Ein E4-Mitarbeiter ist sowohl kompetent als auch engagiert, so daß der Leiter ihm weder Direktiven noch Hilfestellungen zu geben braucht (S4 – Delegieren).»

«Das macht die Sache schön übersichtlich», bemerkte die Unternehmerin. «Aber sagen Sie, was bedeutet die Kurve, die sich durch die vier Führungsstile schlängelt?»

«Das ist die sogenannte Leistungskurve», erklärte ihr der Minuten-Manager. «Sie zeigt an, wie der Führungsstil des Leiters wechselt, wenn die Mitarbeiter von Entwicklungsstufe zu Entwicklungsstufe fortschreiten. Während sich die Mitarbeiter von E1 allmählich nach E4 bewegen, geht der Leiter von S1 (Dirigieren) nach und nach zu S4 (Delegieren) über. Dabei gibt er den Mitarbeitern zuerst mehr Hilfestellung (S2), dann verringert er das Maß an Direktiven (S3) und schließlich auch an Hilfestellung (S4). Haben die Mitarbeiter E4 erreicht, dann sind sie fähig, sich bei der Arbeit immer stärker selbst zu lenken und selbst zu helfen. Der Übergang von einem Führungsstil zu einem anderen ist nicht möglich ohne das 1-Minuten-Lob, das zweite Geheimnis des 1-Minuten-Managements. Gehen wir jetzt zusammen die fünf Schritte durch, die Sie befolgen müssen, um die Kompetenz und das Engagement Ihrer Mitarbeiter zu entwickeln.»

«Der *erste* Schritt besteht todsicher darin, ihnen zu *sagen, was sie tun sollen*», äußerte die Unternehmerin.

«Stimmt», antwortete der Minuten-Manager. «Der *zweite* Schritt besteht darin, ihnen zu *zeigen, was sie tun sollen,* und ihnen das entsprechende Verhalten vorzumachen. Sobald die Menschen wissen, was sie tun sollen, müssen sie eine klare Vorstellung davon bekommen, was dabei als gute Leistung anzusehen ist. Das heißt, sie müssen den Leistungsmaßstab kennen.»

«Diese beiden Schritte – sagen, was gemacht werden soll, und zeigen, wie's gemacht wird – sind der Schlüssel zur 1-Minuten-Zielsetzung, nicht wahr?» fragte die Unternehmerin.

«Ja, weil Zeigen und Umreißen auch direktive Verhaltensweisen sind», erläuterte der Minuten-Manager.

«Wenn ich jemanden einarbeite, beginne ich also zunächst mit dirigierendem Verhalten», folgerte die Unternehmerin.

«So ist es!» sagte der Minuten-Manager. «Und sobald dann Ziele und Arbeitsweisen geklärt sind, kommt der *dritte* Schritt bei der Entwicklung von Kompetenz und Engagement, und der besteht darin, die Mitarbeiter die Sache nun *selbst versuchen zu lassen.*»

«Aber Sie werden doch wahrscheinlich zu Beginn nicht zuviel Verantwortung übertragen, nicht wahr?» wandte die Unternehmerin ein.

Der Minuten-Manager stimmte ihr zu. «Das Risiko muß sich in vernünftigen Grenzen halten. Das bringt uns zur *vierten* Stufe, der Leistungsbeobachtung. Solange Sie als Vorgesetzte Ihre Mitarbeiter *dirigieren*, müssen Sie deren Arbeitsleistung genau überwachen und in kurzen Abständen überprüfen.»

«Mein Eindruck ist, daß viele Manager diesen Schritt ganz außer acht lassen», meinte die Unternehmerin.

«Da haben Sie vollkommen recht», pflichtete ihr der Minuten-Manager bei. «Viele Manager stellen neue Mitarbeiter an, sagen ihnen, was sie zu tun haben, und überlassen sie dann sich selbst. Zugleich erwarten sie, daß nun große Taten folgen werden. Das heißt nicht, daß sie Verantwortung delegierten – nein, im Grunde lassen sie die Neuen einfach im Stich.»

«Sofern die Neuen nicht von vornherein schon kompetent und engagiert sind, werden sie wahrscheinlich scheitern oder zumindest die Leistungserwartungen ihrer Vorgesetzten nicht erfüllen», fügte die Unternehmerin hinzu. «Und wenn die Vorgesetzten das merken, sind sie gewöhnlich enttäuscht und verlangen von den neuen Mitarbeitern eine Erklärung, warum die Arbeit nicht oder nicht gut genug erledigt wird. Diese Forderung muß den Mitarbeitern ungerecht erscheinen, da die meist annehmen, wenn der Vorgesetzte sich um sie nicht kümmere, dann sei er wohl mit ihrer Arbeit ganz zufrieden.»

«Daran können Sie erkennen, daß das Überspringen der ‹Beobachtungsphase› katastrophale Folgen haben kann», ergänzte der Minuten-Manager. «Deshalb heißt es bei uns immer:

Wenn der Chef sich
oft blicken läßt,
kann die Leistung sich
bald sehen lassen.

«So wie ich Sie kenne», sagte die Unternehmerin, «lassen Sie sich in erster Linie bei Ihren Mitarbeitern blicken, um sie bei Erfolgen und nicht bei Fehlern zu erwischen.»

«Selbstverständlich, denn nicht umsonst verlangt der *fünfte Schritt* beim Aufbau von Kompetenz und Engagement, *die Fortschritte* der Mitarbeiter zu *loben*!» konterte der Minuten-Manager lachend.

«Also ist Lob das entscheidende Mittel, um Ihren Mitarbeitern zu helfen, von einer Entwicklungsstufe zur nächsten fortzuschreiten, von E1 nach E2 und von E2 nach E3 zu klettern, bis sie schließlich kaum noch Rückenstärkung von ihrem Chef benötigen», führte die Unternehmerin aus.

«Ich möchte Ihnen gern eine Tabelle zeigen, die genau darstellt, was Sie gerade sagen – wie ein Manager sein Verhalten ändert, wenn die Leistung der Mitarbeiter steigt», sagte der Minuten-Manager, indem er aufstand und zu seinem Schreibtisch ging. Er holte ein Blatt Papier und gab es der Unternehmerin.

Verhaltensstil des Leiters

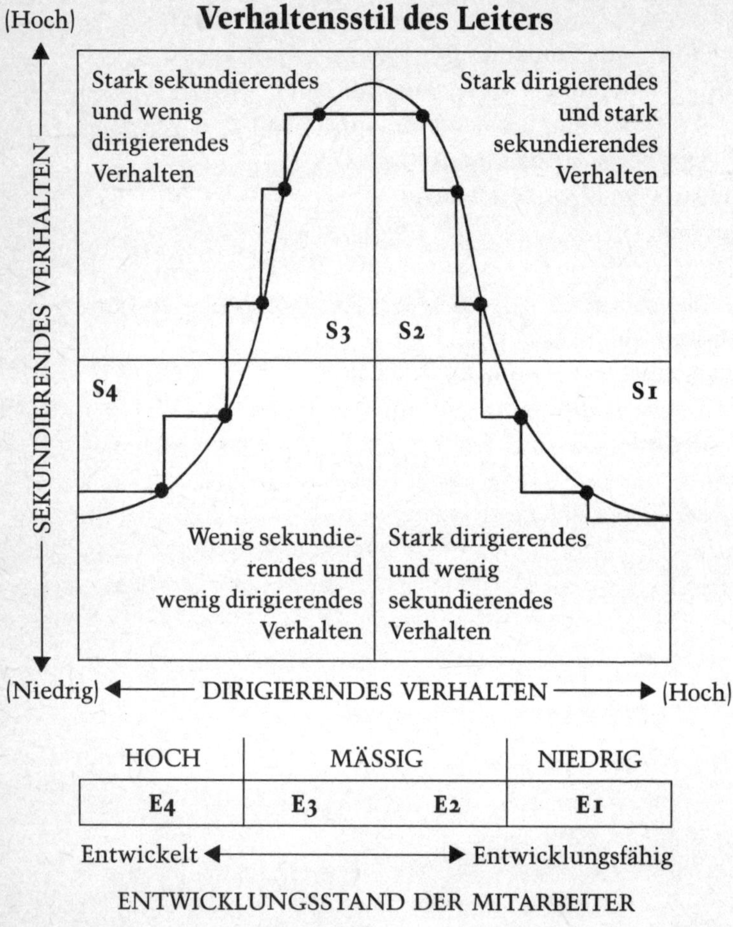

«Die ansteigende Treppenlinie im rechten Teil des Bildes zeigt, daß der Manager immer weniger dirigiert, während der Mitarbeiter seine Tätigkeit erlernt», erklärte der Minuten-Manager. «Er gibt zu Anfang mehr Hilfestellung, verringert sie aber schrittweise ebenfalls, wie die abfallende Treppe links zeigt.»

«Wie kann aber ein Vorgesetzter seine Hilfestellung für seine Mitarbeiter zurücknehmen?» wollte die Unternehmerin wissen. «Wer gibt den Leuten dann die nötige Rückenstärkung?»

«Sie selbst oder ihre Kollegen», sagte der Minuten-Manager.

«Heißt das, daß Vorgesetzte, die einen *delegierenden* Führungsstil praktizieren, den von ihnen geführten Mitarbeitern gar keine Direktiven und Hilfestellungen mehr geben?» fragte die Unternehmerin.

«Der Ausdruck ‹gar keine› ist zu extrem», stellte der Minuten-Manager klar. «Auch wenn man *delegiert*, gibt man den Mitarbeitern ein gewisses Maß an Richtlinien und Hilfestellung. Aber die Menschen, die die Kompetenz und das Selbstvertrauen haben, um eine hochkarätige Leistung zu erbringen (E4-Leute), können normalerweise nicht nur ihr Verhalten selbst lenken, sondern sie können sich auch dabei erwischen, wenn sie etwas gut gemacht haben. Sie haben gelernt, ihre Leistung selbst zu bewerten.»

Auf einmal verstand die Unternehmerin, worauf das Ganze hinauslief. «Dann verfolgen Sie als Manager also die Strategie, Ihren Führungsstil im Lauf der Zeit gemäß der Leistungsverbesserung des jeweiligen Mitarbeiters vom *Dirigieren* zum *Trainieren* zum *Sekundieren* zum *Delegieren* zu verändern?» fragte sie.

«Genau», bestätigte der Minuten-Manager. «Das versuche ich, sooft es geht. Wenn ein Mitarbeiter allerdings keine Fortschritte macht, muß ich möglicherweise noch einmal ganz zurückgehen und ihn ‹umdirigieren›, bis er besser vorankommt. Mein Ziel ist es jedoch, meinen Führungsstil schrittweise zu ändern, bis meine Mitarbeiter ihre Tätigkeiten ganz selbständig ausführen können, so daß sie kaum noch Überwachung oder Unterstützung von mir brauchen. Mao Tse-tung hat dieses Führungsprinzip treffend beschrieben, als er sagte:

«Wenn ein großer Führer
sein Werk vollbracht hat,
sagt das Volk:
Wir haben alles selbst getan!»

Die Unternehmerin lächelte. «Das hat mich überzeugt. Nach den Gesprächen mit Ihnen und Ihren Mitarbeitern habe ich mir vorgenommen, dieses Führungsziel in der Arbeit mit meinen Angestellten anzustreben. Eines möchte ich aber gern noch wissen: Was tun Sie in der Anfangsphase, wenn Sie mit jemandem arbeiten und seine Leistung nicht im entferntesten Ihren Vorstellungen genügt? Sie können den Betreffenden doch nicht einfach trotzdem loben.»

«Aber nein», antwortete der Minuten-Manager.

«Was tun Sie dann? Ignorieren Sie die kümmerlichen Ergebnisse des Mitarbeiters?» wollte die Unternehmerin wissen.

«Bestimmt nicht», erklärte der Minuten-Manager. «Ich kehre dann auf die Stufe der Zielsetzung zurück. Ich sage zu meinem Mitarbeiter: ‹Ich habe einen Fehler gemacht, denn ich habe Ihnen offensichtlich eine Aufgabe gegeben, die Sie nicht richtig verstanden haben. Fangen wir noch einmal von vorn an!›»

«Sie würden also zugeben, daß Sie etwas falsch gemacht haben?» hakte die Unternehmerin nach. «Und dann würden Sie den Betreffenden umdirigieren?»

«Selbstverständlich», betonte der Minuten-Manager. «Wenn ich jemanden ausbilde, muß ich nicht nur loben können, sondern auch ohne Schwierigkeiten zugeben können, daß ich mal einen Fehler gemacht habe.» SELBSTBEWUSSTSEIN

Die Unternehmerin sagte: «Sie sagen also, Sie räumen ein – wenn Sie sich mit dem Einarbeiten Mühe geben –, daß Ihnen ein Fehler unterlaufen ist, und dann weisen Sie den Betreffenden neu ein. Aber was ist, wenn Sie diesen Mitarbeiter immer weiter lenken müssen, ohne daß sich seine Leistung nennenswert bessert?»

«Nach einiger Zeit», sprach der Minuten-Manager, «kommt der Punkt, an dem man mit ihm oder ihr über Aufstiegsmöglichkeiten oder Stellenwechsel reden muß.»

«Ach, das ist interessant», äußerte die Unternehmerin. «Es gibt demnach doch Leute, die man für bestimmte Positionen nicht ausbilden kann?»

«Natürlich», antwortete der Minuten-Manager.

«Okay. Ich glaube, ich verstehe jetzt, was die 1-Minuten-Zielsetzung und das 1-Minuten-Lob mit dem Situationsbezogenen Führen zu tun haben.» Die Unternehmerin machte eine kurze Pause und fuhr dann fort: «Da der Entwicklungsstand eines Mitarbeiters keine feste Größe, sondern aufgabenspezifisch ist, gehen die 1-Minuten-Zielsetzung und die Prüfung des Entwicklungsstands Hand in Hand. Zugleich ermöglicht die Feststellung des jeweiligen Entwicklungsstands ihrer Mitarbeiter den Vorgesetzten, vernünftige Leistungsmaßstäbe zu entwickeln. Das Lob wiederum ist das wichtigste Hilfsmittel, um die Leistungen der Mitarbeiter zu entwickeln. Indem ich meine Mitarbeiter lobe, kann ich in meinem Führungsverhalten nach und nach von den direktiven Stilen (*Dirigieren, Trainieren*) zu den nondirektiven Stilen (*Sekundieren, Delegieren*) übergehen. Aber jetzt fehlt noch die 1-Minuten-Kritik. Was für eine Rolle spielt sie in diesem Gebäude?»

«VERGESSEN SIE NIE», begann der Minuten-Manager, «daß Kritik den E4-, den E3- und gelegentlich auch den E2-Leuten vorbehalten ist. Kritisieren Sie also nur Menschen, die bereits gezeigt haben, daß sie fachlich kompetent und engagiert sind, auch wenn ihre Leistung in letzter Zeit nachgelassen hat. Kritik ist kein Schulungsinstrument, sondern ein Mittel, um mit Motivations- und Einstellungsproblemen fertig zu werden. Wenn Sie E1-Leute kritisieren, verlieren die leicht ihre Motivation und geben sich keine Mühe mehr. Setzen Sie Kritik statt dessen lieber bei kompetenten Mitarbeitern ein, die das Interesse an ihrer Aufgabe verloren haben.»

«Das heißt also, Kritik ist kein geeignetes Mittel, um einem Menschen neue Fertigkeiten beizubringen», folgerte die Unternehmerin. «Sie dient lediglich dazu, leistungsstarke Mitarbeiter wieder auf Vordermann zu bringen, wenn ihr Arbeitseifer nachgelassen hat.»

«Richtig», bestätigte der Minuten-Manager. «Aber prüfen Sie, bevor Sie sich jemand vorknöpfen, lieber einmal zuviel als zuwenig, ob Sie genau über alle Fakten informiert sind und keine mildernden Umstände übersehen haben. Manchmal sinkt die Leistung, weil der Mitarbeiter in seinem Selbstvertrauen angeschlagen ist – weil die Aufgabe komplizierter ist, als er erwartet hatte. In diesem Fall dürfen Sie nicht kritisieren, sondern müssen unterstützen und ermutigen. Eventuell werden auch konkrete Direktiven gebraucht.»

Die Unternehmerin sagte dann: «Heißt das, daß Sie bei Leistungsproblemen tüchtiger Mitarbeiter nicht länger *delegieren*, sondern *sekundieren*, indem Sie zuhören und Informationen einholen? Und daß Sie, falls Sie damit keinen Erfolg haben, zum *Trainieren* übergehen, indem Sie die Mitarbeiter einer strikten Supervision unterziehen und ihnen kürzere Terminrahmen zuweisen, bevor Sie dann schließlich zum *dirigierenden* Stil zurückkehren? Ist das richtig? Empfehlen Sie wirklich, dann auf der Skala der verschiedenen Führungsstile rückwärts zu gehen?»

«Meist kommt man auf diese Weise besser voran», antwortete der Minuten-Manager. «Wenn Sie im Gespräch mit Ihren Mitarbeitern etwas Neues hören, das die Leistungsschwäche erklärt, können Sie jederzeit wieder zum *Delegieren* zurückkehren, ohne daß Ihre Beziehung Schaden gelitten hätte. Gehen Sie jedoch vom *Delegieren* direkt zum *Dirigieren* über, sind Sie wieder voll im alten Stil à la ‹Machen Sie mal! Aber wehe, es geht etwas schief!› gelandet. Sollten dann aber doch Tatsachen ans Licht kommen, die den Leistungsrückgang der Mitarbeiter erklären, kann es für Sie ein bißchen peinlich werden.»

«Mal sehen, ob ich all das noch zusammenkriege», sagte die Unternehmerin und überflog ihre Notizen. Dann reichte sie dem Minuten-Manager drei Zettel, auf denen sie die wichtigsten Punkte zusammengefaßt hatte.

ZIELE lenken die Tätigkeit der Mitarbeiter von Anfang an in die gewünschte Richtung. Sie lassen den Vorgesetzten erkennen, ob ein Mitarbeiter die Kompetenz und das Engagement besitzt (auf welcher Entwicklungsstufe er sich befindet), um gute Leistungen zu erbringen.

LOB hilft den Mitarbeitern, ihren Entwicklungsstand zu verbessern. Es ermöglicht dem Vorgesetzten, schrittweise seinen Führungsstil umzustellen und von stark dirigierendem Verhalten (Dirigieren) zu weniger dirigierendem und mehr sekundierendem Verhalten (Trainieren und Sekundieren) überzugehen. Der nächste Schritt besteht im Übergang zu kaum noch dirigierendem und kaum noch sekundierendem Verhalten (Delegieren).

KRITIK dient dazu, schlechte Leistungen der Mitarbeiter abzustellen. Dabei muß der Vorgesetzte gegebenenfalls schrittweise rückwärtsgehen von kaum noch dirigierender und sekundierender Führung (Delegieren) zu stärker sekundierender Führung (Sekundieren) und schließlich zu stark dirigierender Führung (Trainieren und Dirigieren).

DIE DREI GEHEIMNISSE DES 1-MINUTEN-MANAGEMENTS MACHEN SITUATIONSBEZOGENES FÜHREN ZU EINEM DYNAMISCHEN PROZESS

«DAS IST ein sehr brauchbares Resümee», sagte der Minuten-Manager.

«Schön. Bis hierher habe ich erfahren, was es mit Flexibilität und Situationsdiagnose auf sich hat», sagte die Unternehmerin. «Jetzt möchte ich gern noch wissen, wie die dritte Fertigkeit des Situationsbezogenen Leiters aussieht, die Absprache.»

«Die Absprache ist ein wesentlicher Teil, ohne den das ganze System nicht funktioniert», antwortete der Minuten-Manager. «Eine der Schwierigkeiten, die wir bei Anfängern im Management immer wieder erleben, ist, daß sie zu Situationsbezogenem Führen übergehen, ohne es irgend jemandem zu sagen. Nehmen wir zum Beispiel an, ich hätte festgestellt, daß Sie in einer bestimmten Aufgabe auf der Entwicklungsstufe E4 stünden, also kompetent und engagiert wären. Ich brauchte Ihnen demnach nicht viel Zeit zu widmen, ja vielleicht würde ich überhaupt nicht mehr bei Ihnen hereinschauen. Was würden Sie wohl davon halten, wenn das eine Weile so ginge?»

«Ich würde glauben, daß da irgend etwas nicht stimmt», antwortete die Unternehmerin. «Und ich bekäme Angst, daß Sie mich ganz vergessen hätten. Ich würde mir links liegengelassen vorkommen.»

«Natürlich», sagte der Minuten-Manager. «Den Mitarbeitern auf der anderen Seite des Spektrums, den sehr unerfahrenen, wäre bei einem solchen heimlichen Wechsel genausowenig wohl. Stellen Sie sich vor, ich würde auf einmal erkennen, daß diese Mitarbeiter viel mehr Direktiven brauchen, und stünde nun die ganze Zeit hinter ihnen, um ihnen zu sagen, was sie wann und wie zu tun hätten. Wenn ich das eine Zeitlang gemacht hätte ...»

«... würden diese Mitarbeiter sich wahrscheinlich ziemlich jämmerlich vorkommen», fiel die Unternehmerin ein. «Sie hätten das Gefühl, daß Sie ständig an ihnen herumnörgeln, weil Sie ihnen nichts zutrauen.»

«Und wenn Sie dann einen dieser Kollegen auf dem Flur treffen und erwähnen würden, daß Sie mich», sagte der Minuten-Manager, «schon vier Wochen nicht mehr gesehen hätten, würde der andere bloß sagen: ‹Kein Wunder – der steckt doch die ganze Zeit bei mir.› Obwohl ich die Situation klar erkannt und einen angemessenen Führungsstil praktiziert hätte, würde ich also trotzdem mißverstanden, weil ich keinen der Beteiligten über die Gründe meines Verhaltens aufgeklärt habe. Sie als erfahrene, fähige Mitarbeiterin würden denken, Sie hätten etwas falsch gemacht, und die unerfahrene Kraft würde wahrscheinlich glauben, ich traute ihr nichts zu. Aber angenommen, wir hätten uns zusammengesetzt und gemeinsam besprochen, daß Sie in der Tat gut ohne meine Supervision klarkommen, und wir hätten gemeinsam entschieden, daß *Delegieren* bei Ihnen der richtige Führungsstil wäre. Wie würden Sie dann wohl reagieren, wenn ich mich nicht mehr in Ihrem Büro blicken ließe?»

«Ich fände das in Ordnung, weil ich ja wüßte, warum Sie nicht vorbeikommen. Daß Sie mich kaum noch beaufsichtigten, wäre im Grunde ein großes Kompliment an meine Fertigkeiten und mein Können», sagte die Unternehmerin.

«Ganz klar wäre es das», antwortete der Minuten-Manager. «Und was würden Ihrer Ansicht nach die unerfahrenen Mitarbeiter denken, wenn ich nach einem solchen gemeinsamen Gespräch immer wieder zu ihnen käme?»

«Sie fänden das ebenfalls okay, denn sie wüßten ja genau, daß Sie ihnen erst einmal genaue Direktiven geben und sie genau kontrollieren, damit sie ihre Fertigkeiten entwickeln können. Später würden Sie ihnen mehr Spielraum lassen.»

«Wir haben hier eine Hausregel, die uns immer wieder zu Bewußtsein bringt, wie wichtig es ist, daß jeder weiß, was vorgeht», sagte der Minuten-Manager.

Situationsbezogene Führung
ist nicht etwas,
was die Mitarbeiter
passiv hinnehmen,
sondern etwas,
was sie aktiv mitgestalten.

«Wenn ich das sehe, fällt mir ein Stein vom Herzen», sagte die Unternehmerin.

«Auch ich habe früher gedacht, als Chef müßte ich alles allein regeln», sagte der Minuten-Manager. «Glücklicherweise hat mir die gemeinsame Absprache diese Last abgenommen.»

«Wo kann ich Genaueres über die gemeinsame Absprache des Führungsstils erfahren?» fragte die Unternehmerin.

«Sprechen Sie mit Alex Randall, unserem Personaldirektor», schlug ihr der Minuten-Manager vor. «Er hat die Leistungskontrolle in unserer Firma aufgebaut und ist wohl am besten qualifiziert, Ihnen diesen Eckpfeiler des Situationsbezogenen Führens zu erklären, eben die Absprache.»

«Sehr gut», sagte die Besucherin. «Nach allem, was Sie gesagt haben, bin ich sehr gespannt, die Methode Absprache kennenzulernen.»

IN RANDALL begegnete die Unternehmerin einem distinguiert aussehenden Herrn, der sie mit einem freundlichen Lächeln fragte: «Was kann ich für Sie tun?»

«Der Minuten-Manager hat mir gesagt, Sie könnten mir am besten erklären, was die gemeinsame Absprache ist», antwortete die Unternehmerin.

«Das will ich sehr gerne tun», erwiderte Mr. Randall. «Ich versuche es mal auf die folgende Weise: Am besten fange ich bei der Leistungskontrolle an. Sie gliedert sich in die drei Abschnitte

1. Leistungsvorgabe
2. alltägliches Anleiten und Beraten
3. Leistungsbewertung

Die gemeinsame Absprache des Führungsstils ist Teil der Leistungsvorbereitung und leitet das alltägliche Anleiten und Beraten ein. Aber was glauben Sie, mit welchem dieser drei Schritte beginnen die meisten Firmen, wenn sie eine innerbetriebliche Leistungskontrolle entwickeln?»

«Mit der Leistungsbewertung», antwortete die Unternehmerin. «Meist wird die Personalabteilung beauftragt, zu diesem Zweck ein Formular zu entwerfen.»

«Und sobald ein solcher Beurteilungsbogen vorliegt, geht man dann schnurstracks zur Leistungsplanung über», sagte Randall. «Das heißt, meist wird jemand eingestellt oder aus dem Betrieb damit beauftragt, den einzelnen Belegschaftsmitgliedern beim Aufschreiben ihrer Aufgabenbereiche zu helfen. Auf diese Weise werden ellenlange Arbeitsplatzbeschreibungen verfaßt, die sich kein Mensch jemals wieder anschaut.»

«Genauso ist es leider», sagte die Unternehmerin. «Aber durch die 1-Minuten-Zielsetzung hat sich schon einiges zum Besseren verändert. All die unnötige Schreiberei fällt weg, wenn die Mitarbeiter sich nur drei bis fünf Ziele setzen.»

«Welcher der drei Teile der Leistungskontrolle fällt in den meisten Firmen ganz unter den Tisch?» fragte Randall.

«Das alltägliche Anleiten und Beraten», antwortete die Unternehmerin.

«Stimmt», sagte Randall. «Obwohl das wahrscheinlich der allerwichtigste Schritt ist. Dennoch tun die meisten Vorgesetzten nichts dergleichen. Um die Wichtigkeit ständigen Anleitens und Beratens zu unterstreichen, will ich Ihnen eine kleine Geschichte erzählen. Mein Lieblingsprofessor am College hatte dauernd Ärger mit dem Dekan und den übrigen Fakultätsmitgliedern, weil er am ersten Tag des Semesters die Aufgaben der Abschlußprüfung austeilen ließ. Die anderen Professoren gingen jedesmal wieder auf ihn los: ‹Aber was machen Sie denn da!› Er sagte immer nur: ‹Ich verstehe die Welt nicht mehr. Ich dachte, wir sollten den Studenten etwas beibringen.› ‹Aber deswegen brauchen Sie ihnen doch nicht die Prüfungsfragen zu geben!› ‹Ich gebe ihnen nicht nur die Prüfungsfragen. Raten Sie mal, was ich das Semester über tue?›»

Die Unternehmerin lachte. «Ihnen beibringen, wie man die Aufgaben löst.»

«Und das tat er auch», sagte Randall. «Wenn die Semesterabschlußklausuren fällig waren, schrieben die Studenten lauter Einsen, weil sie alles wußten.»

«Ihr damaliger Professor wollte ganz offensichtlich, daß seine Studenten Erfolg hatten», sagte die Unternehmerin.

«Das ist ja der Witz beim alltäglichen Anleiten und Beraten», sagte Randall, «daß der Vorgesetzte auf die Bedürfnisse seiner Mitarbeiter eingeht. Sobald Ihre Mitarbeiter über die Ziele ihrer Arbeit Bescheid wissen (zum Beispiel die Fragen der Abschlußprüfung kennen), ist es Ihre Aufgabe, alles Erdenkliche zu tun, um ihnen beim Erreichen dieser Ziele (zum Beispiel beim Erlernen der Lösungen) zu helfen, so daß sie bei der Leistungsbewertung (zum Beispiel bei der Abschlußprüfung) gute Ergebnisse erzielen (zum Beispiel Einsen schreiben).»

«Das ist ein schönes Beispiel dafür, wie man seinen Leuten auf das Siegertreppchen hilft», sagte die Unternehmerin. «Aber was hat das mit der gemeinsamen Absprache über den Führungsstil zu tun?»

«Der Absprachevorgang leitet, wie gesagt, das alltägliche Anleiten und Beraten des Mitarbeiters durch den Vorgesetzten ein», erklärte Randall.

«Wie muß man sich das vorstellen?» fragte die Unternehmerin.

«Wie immer kommt zuerst die Zielfestlegung. Angenommen, Sie wären bei mir für die Lohnbuchhaltung zuständig. Dann würden wir als erstes, jeder für sich, drei bis fünf Ziele für Ihren Tätigkeitsbereich festsetzen. Dann würden wir für jedes Ziel einen Leistungsmaßstab aufstellen, der für die nächsten drei bis sechs Monate Gültigkeit hätte.»

«Würden wir uns, nachdem jeder für sich Ziele aufgestellt hätte, zusammensetzen, um uns gemeinsam abzusprechen über die Ziele meiner Tätigkeit?» fragte die Unternehmerin.

«Ja», erwiderte Randall. «Selbstverständlich wären Sie bei den Arbeiten, wo Sie erfahren und kenntnisreich sind (sich also auf Entwicklungsstufe E3 oder E4 befinden), stärker an der Zielformulierung beteiligt. In den Bereichen, in denen Sie noch auf E1 oder E2 stehen, würde ich die Führung übernehmen.»

«Vermutlich müssen wir uns nicht nur über meine Verantwortungsbereiche, sondern über die für mich gültigen Leistungsmaßstäbe in jedem Bereich absprechen», sagte die junge Frau.

«Da haben Sie recht», antwortete Randall. «Wir würden gemeinsam festlegen, was als gute Arbeit anzusehen ist. Und dann würden wir jedes Ziel so formulieren, daß es den Fünf Großen Zielkriterien genügt.»

«Was sind das für Kriterien?» fragte die Unternehmerin.

«Die Ziele müssen erstens *konkret* sein, also unmißverständlich angeben, wofür der einzelne Mitarbeiter verantwortlich ist. Zweitens müssen sie *meßbar* sein», erklärte Randall.

«Das entspricht der zweiten Hälfte der 1-Minuten-Zielsetzung», setzte die Unternehmerin hinzu. «Die Mitarbeiter müssen nicht nur genau wissen, wofür sie rechenschaftspflichtig sind, sondern auch, wie ihre Leistung gemessen wird und was als gute Arbeit gilt.»

«Ja, ganz recht», antwortete Randall und kam wieder auf die Fünf Großen Zielkriterien zurück. «Das dritte Kriterium ist die *Erreichbarkeit*: Die Ziele müssen realistisch sein. Ob sie das sind, können nur die Erfahrungen der Vergangenheit zeigen.»

Die Unternehmerin sagte: «Allzuoft werden unvernünftige Ziele aufgestellt. Ich kenne das aus eigener Erfahrung. Mir schwebt ein bestimmter Plan vor, den ich nur zu gern in die Tat umsetzen würde, aber wahrscheinlich ist mein Planziel in den ersten Jahren unerreichbar. Und mit den Mitarbeitern geht es mir nicht anders. Einerseits will ich ihnen die Möglichkeit geben, ihr Potential voll auszuschöpfen, andererseits aber darf ich die Ziele auch wieder nicht so hoch ansetzen, daß sie unerreichbar werden und die Leute die Lust verlieren. Eine richtige Zwickmühle.»

«Das sehe ich auch so», bestätigte Randall. «Das vierte Kriterium, dem die aufgestellten Ziele genügen müssen, ist die *Relevanz*. Wie Sie wissen, stammen 80 Prozent der Leistung, die Sie von Ihren Mitarbeitern erwarten, aus nur 20 Prozent ihrer Tätigkeiten. Ein Ziel ist deshalb nur dann relevant, wenn es eine Tätigkeit betrifft, die sich in der Gesamtleistung des Mitarbeiters bemerkbar macht.»

«Und das fünfte Kriterium?» fragte die junge Unternehmerin.

«Die Ziele müssen *nachprüfbar* sein», gab Randall zur Antwort. «Sie wollen als Vorgesetzte doch die Fortschritte Ihrer Leute loben können. Dazu müssen Sie ihre Leistung kontinuierlich messen oder einstufen können, das heißt, Sie müssen ein Kontrollsystem einrichten, durch das Sie den Fortschritten Ihrer Mitarbeiter auf der Spur bleiben.»

«Ihre Fünf Großen Zielkriterien leuchten mir sehr ein: konkret, meßbar, erreichbar, relevant, nachprüfbar», sagte die Unternehmerin anerkennend. «Aber was, wenn wir uns über eines der Ziele nicht einig wären und unsere Meinungsverschiedenheit im Gespräch nicht beilegen könnten? Wer würde dann entscheiden?»

«Die Goldene Regel», sagte Randall.

«Welche Goldene Regel?» fragte die Unternehmerin.

«Wer das Gold hat, hat das Sagen», sagte Randall und lachte. «Der Chef entscheidet.»

«Viele Vorgesetzte brechen die Absprache nach der Zielfestlegung ab, nicht wahr?» knüpfte die Unternehmerin wieder an das vorher Gesagte an.

«Ja», sagte Randall. «Eine Menge Vorgesetzte benützt die Methode *management by objectives* als Freibrief dafür, nach dem alten Motto ‹Mach mal! Aber wehe, es geht etwas schief!› zu verfahren.»

«Ich nehme an, nach der gemeinsamen Zielfestsetzung und der Einigung über Leistungskontrollen und Leistungsmaßstäbe würden wir uns dann gemeinsam über den adäquaten Führungsstil absprechen, nicht wahr?» sagte die Unternehmerin.

«Genau», stimmte Randall zu. «Da alle meine Mitarbeiter die Situationsbezogene Menschenführung kennen, bestünde der nächste Schritt darin, daß Sie und ich, und zwar jeder für sich, Ihren Entwicklungsstand in jedem der beschlossenen Zielbereiche analysieren. Danach würden wir bestimmen, wie ich Sie führen muß, damit Sie klarkommen – das heißt, damit Sie auf dem gewünschten Niveau arbeiten.»

«Sie sagen ‹jeder für sich›», wunderte sich die Unternehmerin. «Soll das heißen, daß ich meinen eigenen Entwicklungsstand selber auch analysiere?»

«Genau», sagte Randall. «Und ich tue dasselbe. Wenn wir uns dann das nächste Mal zusammensetzen, müssen wir gemeinsam festlegen, wie hoch Ihre fachliche Kompetenz und Ihr Engagement im Bereich jedes einzelnen Ziels sind und welchen Führungsstil Sie brauchen. Wenn die drei Hauptzielbereiche Ihrer Tätigkeit zum Beispiel Entwicklung der Personalpolitik, Verwaltung und Durchführung wären, müßten wir für jeden dieser Bereiche einen Leistungsstandard festlegen.»

Die Unternehmerin fragte: «Nehmen wir die Personalpolitik. Sie würden mir also sagen, auf welchem Entwicklungsstand ich Ihrer Meinung nach in Personalpolitik stehe, bezogen auf den jeweiligen Leistungsstandard? Und ich würde Ihnen sagen, wie ich meinen eigenen Entwicklungsstand in diesem Bereich einschätze?»

«Die Regel lautet, daß wir vorher vereinbaren, wer zuerst drankommt», erklärte Randall. «Wenn Sie anfangen, habe ich die Pflicht, erst Ihre Analyse anzuhören und dann zu wiederholen, was ich gehört habe, bevor ich Ihnen meine eigene Einschätzung vortrage.»

«Das gibt uns Gelegenheit, einander erst einmal in Ruhe anzuhören», bemerkte die Unternehmerin.

«Genau darum geht es», bestätigte Randall. «Falls nämlich einer von uns beiden redegewandter ist als der andere, würde er das Gespräch sonst zu sehr beherrschen.»

«Wenn jeder von uns beiden zu Wort gekommen ist, würden wir wahrscheinlich die Parallelen und die Unterschiede in unserer Sichtweise besprechen. Falls wir eventuelle Meinungsverschiedenheiten nicht ausräumen können, gilt dann auch hier wieder die Goldene Regel?»

«Nein, hierbei nicht», widersprach Randall. «Bei der Einschätzung des persönlichen Entwicklungsstands entscheidet am Ende der betreffende Mitarbeiter. Wenn Sie meinen, daß Sie allein klarkommen (E3 oder E4), meiner Ansicht nach aber Aufsicht brauchen (E2 oder E1), dann würden wir Ihrem Urteil folgen, allerdings unter einem Vorbehalt. Wir würden gemeinsam festlegen, wie weit Sie im nächsten Monat mit Ihrer Arbeit kommen wollen, so daß wir beide Ihre tatsächliche Leistung daran messen können.»

«Unter diesen Umständen würde ich wahrscheinlich die nächsten vier Wochen wie wild arbeiten, um zu beweisen, daß ich recht gehabt habe», sagte die Unternehmerin.

«Genau das möchte ich ja», sagte Randall. «Mir liegt daran, daß Sie recht behalten.»

Die Unternehmerin lachte bewundernd und fragte: «Aber wie geht es dann weiter, wenn wir uns über meinen Entwicklungsstand geeinigt haben? Besprechen wir dann, auf welche Weise Sie mich in Supervision nehmen?»

«Ja», sagte Randall. «Wenn der Entwicklungsstand eines Mitarbeiters abgeklärt ist, ist damit ja zugleich auch der Führungsstil des Vorgesetzten geklärt. Gleichzeitig müssen Sie bedenken, daß der vereinbarte Führungsstil möglicherweise nur vorübergehend gilt, da ich ja meinen Mitarbeitern helfe, nach und nach immer sicherer auf ihren eigenen Füßen zu stehen und sich selbst lenken und motivieren zu lernen. Wie der ganze Einigungsprozeß vor sich geht, sehen Sie auf dieser Spieltafel für die gemeinsame Absprache des Führungsstils.»

SPIELTAFEL
für die gemeinsame Absprache des Führungsstils

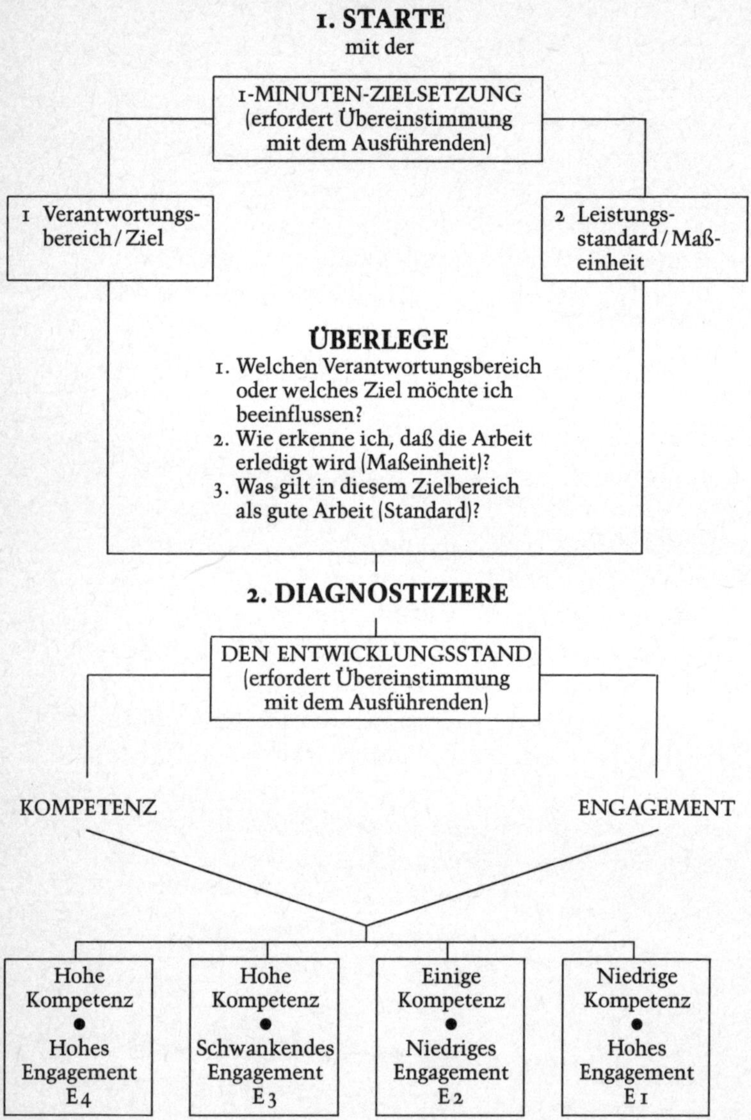

3. WÄHLE

DEN ADÄQUATEN FÜHRUNGSSTIL
(erfordert Übereinstimmung mit
dem Ausführenden)

E4	E3	E2	E1
•	•	•	•
DELEGIEREN	SEKUNDIEREN	TRAINIEREN	DIRIGIEREN
S4	S3	S2	S1

4. PRAKTIZIERE
den adäquaten Führungsstil

GUTE LEISTUNG

FORTSCHRITTE VORHANDEN

rücke vor
auf

MEHR HILFESTELLUNG UND WENIGER DIREKTIVEN

von Dirigieren (S 1) zu
Trainieren (S 2)
oder
von Trainieren (S 2) zu
Sekundieren (S 3)
und

SCHLIESSLICH WENIGER HILFESTELLUNG

von Sekundieren (S 3) zu
Delegieren (S 4)

RÜCKE MIT ERFOLG WEITER VOR
SETZE NEUE ZIELE

SCHWACHE LEISTUNG

VORÜBERGEHENDER RÜCKSCHLAG

kehre zurück
zu

MEHR HILFESTELLUNG

von Delegieren (S 4) zu
Sekundieren (S 3)
oder

MEHR DIRIGIEREN

von Sekundieren (S 3) zu
Trainieren (S 2)
oder

SCHLIESSLICH WENIGER HILFESTELLUNG

von Trainieren (S 2) zu
Dirigieren (S 1)
wenn nötig

KEHRE ZURÜCK ZUM START – ÜBERPRÜFE UND KLÄRE DIE SITUATION UND VEREINBARE EIN NEUES ZIEL

Nachdem sich die Unternehmerin das Spiel angesehen hatte, fragte sie: «Bei der Besprechung des angemessenen Führungsstils sagen Sie nicht einfach nur, daß Sie nun einen *delegierenden* oder einen *trainierenden* Stil anwenden wollen, nicht wahr? So doch nicht?»

«Nein», antwortete Randall. «Wenn wir zum Beispiel übereinkämen, daß ich in einem bestimmten Zielbereich die alltägliche Verantwortung an Sie *delegieren* kann, wer hätte es dann in der Hand zu bestimmen, wann wir uns wieder zusammensetzen?»

«Ich», antwortete die junge Besucherin. «Ich würde Sie rufen, wenn ich das Gefühl hätte, daß ich Kontakt zu Ihnen brauche.»

Randall nickte zustimmend. «Genauso läuft es. Die einzige Regel ist, daß Sie mir rechtzeitig ein Signal geben und nicht zu spät. Ich mag keine Notfälle.»

«Und wenn wir uns auf den Führungsstil *Sekundieren* geeinigt hätten? Wie sähe es dann aus?» wollte die Unternehmerin wissen.

«Dann würde jeder von uns seinen Terminkalender herausholen», sagte Randall. «Und ich würde Sie fragen: ‹Wie kann ich am besten sehen, was Sie leisten, Ihre Fortschritte würdigen? Wollen wir nicht einmal die Woche gemeinsam zum Essen gehen?› Wenn wir abmachen, daß wir uns einmal beim Lunch treffen, dann hätte ich die Rolle des Zuhörers, der Sie bei Ihrer Arbeit stützt und stärkt.»

«Wie würden Sie denn nun führen, wenn wir uns auf *Trainieren* geeinigt hätten?» fragte die Unternehmerin weiter.

«Dann läge die Initiative bei mir», antwortete Randall. «Ich würde Ihnen zum Beispiel vorschlagen: ‹Lassen Sie uns zwei mindestens zweistündige Besprechungen pro Woche einplanen, um an dem Ziel, bei dem Sie Hilfe brauchen, zu arbeiten. Wie wäre es mit Montag und Mittwoch von eins bis drei?› Wenn ich Sie bei Ihrer Tätigkeit *dirigieren* soll, müßten wir uns übrigens noch öfter treffen.»

«Also entscheidet der vereinbarte Führungsstil zugleich über Anzahl, Häufigkeit und Art der Zusammenkünfte mit Ihren Mitarbeitern?» wollte die Unternehmerin wissen.

«Ja», sagte Randall. «Das Schöne dabei ist: Wenn ich mich vielleicht einen Monat lang zweimal die Woche zwei Stunden mit Ihnen zusammengesetzt und gemerkt hätte, daß Sie gut klarkommen und im jeweiligen Zielbereich allmählich eine gute Leistung bringen, zu welchem Führungsstil würde ich dann übergehen?»

«Zum *sekundierenden* Führungsstil», antwortete die Unternehmerin.

«Ja, und dann würde ich Sie fragen, wie Sie das Ihnen zustehende 1-Minuten-Lob am liebsten in Empfang nehmen möchten», sagte Randall lächelnd.

«Und wenn ich dann, angespornt durch Ihre Anerkennung, weitere Fortschritte mache, gehen Sie schließlich zum *Delegieren* über?» fragte die Unternehmerin.

«Sicher», antwortete Randall. «Ich würde meinen Führungsstil so lange ändern, wie Sie fortfahren, sich zu entfalten. Nach einiger Zeit könnten wir dann nicht nur Ihren Leistungsanstieg überblicken, sondern auch an den Veränderungen meines Führungsstils Ihre Entwicklung ablesen.»

«Jetzt weiß ich, warum Sie behaupten, das gemeinsame Absprechen des Führungsstils sei das Herzstück jeden effektiven Managements», sagte die Unternehmerin. «Gibt es noch mehr Dinge, die ich mir merken sollte?»

«Ich glaube, Sie wissen schon genug», lächelte Randall. «Jetzt brauchen Sie nur noch den Mut, Ihre guten Absichten auch in die Tat umzusetzen.»

«Das ist leichter gesagt als getan», sprach die junge Unternehmerin.

«Ich schlage Ihnen vor, am Schluß noch einen Besuch beim Minuten-Manager zu machen. Er versteht es, Ihr Engagement wieder aufzubauen», sagte Randall.

«Das ist eine gute Idee», sagte die Unternehmerin erleichtert. «Vielen Dank für Ihre Hilfe.»

Als sie sich auf den Weg zum Büro des Minuten-Managers machte, kam ihr schlagartig zu Bewußtsein, wie einfach und überzeugend die Einsichten waren, die Mr. Randall ihr vermittelt hatte. Sie hielt mehrmals an, um sich rasch die Gedanken zu notieren, die ihr durch den Kopf gingen.

Der Minuten-Manager begrüßte sie mit einem Lächeln. «Nun, wie ist Ihr Gespräch mit Randall gelaufen?»

«Sehr gut», sagte die Unternehmerin. «Ich bin fasziniert davon, wie überzeugend das gemeinsame Absprechen des Führungsstils auf mich wirkt, obwohl es anders ist als alles, was ich im Lauf der Jahre in verschiedenen Management-Kursen gehört habe.»

«In welcher Weise anders?» fragte der Minuten-Manager.

«SIE TRENNEN SCHARF zwischen der gefühlsmäßigen *Einstellung* des Vorgesetzten zu seinen Mitarbeitern und seinem *Verhalten*», sagte die Unternehmerin. «Uns wurde dagegen immer beigebracht, daß Manager, die einen dirigierenden Führungsstil anwenden, ihre Untergebenen für faul, wenig verläßlich und verantwortungslos halten und glauben, sie brauchten strenge Aufsicht. Manager, die im Sinne eines partizipativen Führungsstils handeln, hielten ihre Mitarbeiter dagegen für verantwortungsbewußt und selbstmotiviert. Bei Ihnen habe ich nun gelernt, daß die positive Grundeinschätzung der eigenen Mitarbeiter eine Selbstverständlichkeit ist. Sie glauben, daß alle Ihre Mitarbeiter das Potential haben, gute Leistungen zu erbringen. Das einzige, was sich ändert, ist das Verhalten des Vorgesetzten, je nachdem, wieviel Hilfestellung und Direktiven der einzelne Mitarbeiter braucht.»

«‹Potential› ist das Schlüsselwort, um das es hier geht», bestätigte der Minuten-Manager.

«Das Reizvolle an der ganzen Geschichte ist», fuhr die Unternehmerin fort, «daß ich nun, wenn ich einen Mitarbeiter im dirigierenden Stil führe, nicht davon auszugehen brauche, daß er nichts taugt. Im Gegenteil, ich halte ihn für einen potentiellen Könner – selbstgesteuert und selbstmotiviert –, dem es noch an Erfahrung fehlt. Der Mitarbeiter braucht meine Direktiven, um sein Potential voll zu entwickeln.»

«Das ist eine wichtige Lektion», faßte der Minuten-Manager zusammen. «Sie haben gelernt, daß sich eine positive Grundeinschätzung der eigenen Mitarbeiter in jedem der vier Führungsstile ausdrücken kann, nicht nur im *Sekundieren* und *Delegieren*.»

«All das», sagte die Unternehmerin, «läuft auf den Satz hinaus:

Potentiell steckt in jedem
ein Könner.
Aber manche brauchen
Geburtshelferdienste.

DER MINUTEN-MANAGER lächelte anerkennend und sagte: «Sie haben den Bogen raus!»

Die Unternehmerin fuhr fort: «Jetzt liegt es an mir, was ich aus meinem Wissen mache. Endlich weiß ich, wie ich meine Mitarbeiter entwickeln muß, damit nicht mehr die ganze Arbeit an mir hängenbleibt.»

Sie stand auf, reichte dem Minuten-Manager die Hand und dankte ihm für seine Hilfe.

«Ich wünsche mir keinen anderen Dank, als daß Sie hingehen und anwenden, was Sie hier gelernt haben», sagte der Minuten-Manager, «und daß es Ihnen Erfolg bringt. Denken Sie immer an die alte buddhistische Weisheit:

‹Wissen und nicht danach handeln
heißt: noch nicht wissen!›»

Die Unternehmerin schritt sogleich zur Tat. Sie kehrte in ihren Betrieb zurück und brachte ihren Mitarbeitern bei, was sie gelernt hatte, und diese brachten es wieder ihren Mitarbeitern bei. Und es dauerte nicht lange, bis es kam, wie es kommen mußte:

Die Unternehmerin wurde eine Situationsbezogene Chefin.

Sie wurde eine Situationsbezogene Vorgesetzte, nicht weil sie wie eine solche dachte oder sprach, sondern weil sie sich entsprechend verhielt.

Sie setzte zu Anfang klare Ziele.

Dann prüfte sie mit ihren Mitarbeitern, ob sie genug Kompetenz und Engagement besaßen, um alle Ziele ohne Kontrolle von oben zu erreichen.

Sie ging die Aufgaben jedes Mitarbeiters mit ihm durch und sprach gemeinsam mit ihm ab, welcher Führungsstil jeweils angebracht war.

Schließlich kam sie zur praktischen Anwendung und verhielt sich nach dem verabredeten Führungsstil, bis der Mitarbeiter so weit vorangekommen war, daß ein Wechsel des Führungsstils angezeigt schien.

Jahre später blickte die Unternehmerin auf die Zeit zurück, als sie die Situationsbezogene Menschenführung erlernt hatte. Durch diese Umstellung hatte sich ihr Leben von Grund auf verändert, und zwar beruflich und privat.

Aus ihrem ursprünglichen Betrieb hatten sich in der Zwischenzeit acht verschiedene Tochterunternehmen entwickelt. Die Unternehmerin war jetzt Generaldirektorin einer Holding-Gesellschaft, und jede Einzelgesellschaft wurde von einem eigenen Geschäftsführer gemanagt. Obwohl alle acht Geschäftsführer ihr formal gesehen Bericht erstatten mußten, leiteten sie ihre Teilfirmen in Wirklichkeit praktisch selbständig.

Zwei Geschäftsführer waren von Anfang an kompetent und engagiert genug, um ihre Geschäftspolitik selbst zu bestimmen. Sie hielten die Unternehmerin zwar über die Arbeit ihrer Firma auf dem laufenden, aber die Unternehmerin griff nie in ihre Tätigkeit ein, sofern diese Geschäftsführer sie nicht von sich aus um ihre Unterstützung oder ihren Rat baten.

Die anderen sechs Geschäftsführer waren mehr oder weniger kompetent und engagiert, was ihre verschiedenen Aufgabenbereiche beim Führen der Geschäfte anging. Die Unternehmerin hatte bei der gemeinsamen Absprache über den adäquaten Führungsstil eng mit ihnen zusammengearbeitet und sie je nach der besonderen Situation in anderer Weise geführt. Sie lächelte, als ihr bewußt wurde, daß ihr nun nicht mehr viel zu tun blieb, da inzwischen auch diese Geschäftsführer fähig waren, ihre Firmen in eigener Regie zu führen. Sie hatte ihnen den Anstoß gegeben, selbständige, selbstmotivierte und leistungsstarke Manager zu werden.

Die Unternehmerin wußte, daß ihr zu Hause mit ihren drei Kindern das gleiche geglückt war. Sie alle hatten sich im Lauf der Zeit zu unabhängigen, selbstmotivierten Menschen entwikkelt. Jetzt, da sie erwachsen waren, genoß die Unternehmerin es, mehr ihre Freundin zu sein als ihre Mutter. Das heißt nicht, daß sie nicht für ihre Kinder dagewesen wäre, wenn sie sie brauchten. Aber wenn sie nun am Leben ihrer Kinder teilnahm, geschah es auf Initiative der Kinder. Es war ein schönes Gefühl für sie, daß ihre Kinder immer noch mit ihr zusammensein wollten.

Besonders stolz war die Unternehmerin darauf, daß sie die Grundlagen erfolgreicher Menschenführung beim Minuten-Manager erlernt hatte. Sie würde nie mehr vergessen, daß tüchtige Manager mehrere Führungsstile parat haben und mühelos anwenden können. Erfolgreiche Vorgesetzte haben die Fähigkeit entwickelt, flexibel auf verschiedene Situationen zu reagieren. Außerdem besitzen sie einen Blick dafür, wie sie ihre Mitarbeiter behandeln müssen, damit diese zugleich mit der Erledigung der ihnen zugewiesenen Aufgaben ihre beruflichen Fertigkeiten und ihr Selbstvertrauen erhöhen.

Effiziente Leiter sind außerdem imstande, sich mit ihren Mitarbeitern zu verständigen – sie können sich mit ihnen nicht nur über die anstehenden Aufgaben einigen, sondern auch über das Maß an Lenkung und Unterstützung, das die einzelnen Mitarbeiter bei ihrer Arbeit brauchen.

Flexibilität, *Diagnose* und *gemeinsame Absprache des Führungsstils* sind die drei wichtigsten Techniken, durch die Manager ihre Mitarbeiter zu besseren Leistungen motivieren.

Die Unternehmerin hatte es geschafft, eine Organisation aufzubauen, in der die Leistungen der Mitarbeiter gewürdigt wurden. Indem sie auf die Bedürfnisse ihrer Mitarbeiter einging, ermutigte sie sie zugleich, Verantwortung und Risiken zu übernehmen. Dies ging so, bis nach einiger Zeit ...

alle Betriebsangehörigen nicht nur engagiert worden waren, sondern echt engagiert waren.

:01

Anhang

Danksagung

Wir möchten einer Reihe von Menschen, die uns nahestehen, öffentlich ein Lob aussprechen:

Unseren Partnern und Freunden bei Blanchard Training and Development, Inc.: Margie Blanchard, Rene Carew, Calla Crafts, Fred Finch, Laurie Hawkins, Kelsey Tyson und besonders Don Carew und Eunice Parisi-Carew, weil sie uns beigestanden und mit uns zusammen das Konzept der Situationsbezogenen Menschenführung weiterentwickelt haben.

Pat Golbitz, Larry Hughes und Al Marchioni vom Verlag William Morrow und unserer literarischen Agentin Margaret McBride, weil sie nicht aufgehört haben, an das Konzept des 1-Minuten-Managers zu glauben.

Spencer Johnson wegen seiner Kreativität und Schreibbegabung, die uns angespornt haben.

Harvey Mackay, weil er uns gezeigt hat, was es eigentlich heißt, Unternehmer zu sein.

Eleanor Terndrup und Vicki Dowden wegen ihrer gekonnten und geduldigen Arbeit an der Schreibmaschine, ohne die dieses Buch nie entstanden wäre.

Unseren Müttern Dorothy Blanchard, Florence Kuiper und Irma Zigarmi und unseren Kindern Scott, Debbie und Lisa wegen ihrer vorbehaltlosen Liebe, ohne die unser Leben nicht das wäre, was es ist.

:01 Über die Autoren

KENNETH BLANCHARD: Kaum ein anderer hat so viel Einfluß auf die Managementpraxis unserer Zeit gehabt wie Kenneth Blanchard, Ko-Autor der millionenfach verbreiteten und angewandten Standardwerke wie «Der Minuten-Manager» und «Einweisung in die konkrete Arbeit des Minuten-Managers».

Blanchard wird ständig zu Vorträgen auf Kongressen, Seminaren und Konferenzen eingeladen. Er genießt hohes Ansehen als Fachmann, Autor, Berater und Ausbilder. Sein Lehrbuch «Management of Organizational Behavior: Utilizing Human Resources», das er zusammen mit Paul Hersey geschrieben hat, ist in der vierten Auflage und wird als Standardwerk auf dem Gebiet der Managementliteratur anerkannt.

Dr. Blanchard betreibt zusammen mit seiner Frau Margie Blanchard eine Management-Beratungsfirma: Blanchard Training and Development, Inc., in San Diego, Kalifornien. Zugleich ist er Inhaber des Lehrstuhls für Menschenführung und Innerbetriebliche Verhaltenslehre an der University of Massachusetts in Amherst.

Kenneth Blanchard studierte Philosophie, Soziologie und Betriebspsychologie. Promoviert hat er mit einer Arbeit in Betriebswirtschaftslehre über Managementtechniken.

Patricia Zigarmi ist Vizepräsidentin der Beratungsfirma Zigarmi Associates, Inc., und Vizepräsidentin für den Bereich Beratungsdienste/Produktentwicklung bei Blanchard Training and Development, Inc. (BTD). Unter ihrer Leitung wurden die laufenden Verträge mit verschiedenen großen Industriekonzernen geschlossen, darunter AT&T, Lockheed, Canadian Pacific Trucks, Chevron, Sprouse Reitz und Beverly Hills Savings. Dr. Zigarmi ist außerdem für die Gewinnung von Referenten für Management-Seminare verantwortlich und leitet den Arbeitsbereich Produktentwicklung bei BTD.

Dr. Zigarmi machte ihr Diplom in Soziologie an der Northwestern University und ihren Doktor in Menschenführung und Innerbetrieblicher Verhaltenslehre an der University of Massachusetts in Amherst. Neben ihrer Tätigkeit bei BTD hat Pat als Redakteurin der Zeitschrift für Personalwesen «Journal of Staff Development» und als Generalsekretärin des National Staff Development Council, des Berufsverbandes von Personalentwicklungs-Fachleuten aus allen Teilen der Vereinigten Staaten, gearbeitet.

Pat Zigarmi lebt mit ihrem Gatten Drea und ihrer Tochter Lisa in San Diego, Kalifornien.

Drea Zigarmi ist Präsident der Firma Zigarmi Associates, Inc., und Direktor der Abteilung Forschung und Entwicklung bei Blanchard Training and Development, Inc. (BTD). Seine Arbeit hat entscheidend zum Erfolg der Firma BTD bei ihren Klienten in der Industrie beigetragen. Fast jedes von BTD in den letzten vier Jahren entwickelte Produkt trägt Drea Zigarmis Handschrift. Er hat zusammen mit Ken Blanchard die bekannte Testmethode zur Erkennung von Führungsverhalten «Leader Behavior Analysis» und den in allen Seminaren über Situationsbezogene Menschenführung verwendeten Fragebogen zur Personalentwicklung «Development Task Analysis» ausgearbeitet.

Zu Dr. Zigarmis Klienten zählen die Konzerne Canadian Pacific Trucks, AT&T, Lockheed, Chevron Oil Company, die Mellon-Stuart Company und zahlreiche Betriebe im Bereich der Wachstumsindustrien. Im Auftrag dieser Klienten hat Dr. Zigarmi langfristige Projekte geleitet, die zu weitreichenden und wirkungsvollen Resultaten führten. Viele Firmen haben mit Erfolg Programme zur Entwicklung von Führungskräften, zur Leistungsbeurteilung und zur Hebung der Produktivität eingeführt, die auf dem Prinzip der Situationsbezogenen Menschenführung aufbauen.

Drea Zigarmi erwarb sein Diplom in den Naturwissenschaften an der Norwich University. An der University of Massachusetts in Amherst machte er seinen Magister in Philosophie und seinen Doktor in Betriebswirtschaftslehre und Innerbetrieblichem Verhalten.

Drea Zigarmi lebt in San Diego, Kalifornien, mit seiner Frau Pat und seiner Tochter Lisa.

SHERRY TURKLE

Die Wunschmaschine

Vom Entstehen der Computerkultur

Deutsch von Nikolaus Hansen
430 Seiten. Gebunden

«Wer künftig über Computer und ihre Konsequenzen diskutieren will, kommt an den Überlegungen von Sherry Turkle kaum mehr vorbei.»
(Frankfurter Allgemeine Zeitung)

ROWOHLT